한국방송
정치보도

VS

미국방송
정치보도

한국방송 정치보도
VS **미국방송** 정치보도

ⓒ 이재훈, 2024

초판 1쇄 발행 2024년 11월 12일

지은이   이재훈
펴낸이   이기봉
편집   좋은땅 편집팀
펴낸곳   도서출판 좋은땅
주소   서울특별시 마포구 양화로12길 26 지월드빌딩 (서교동 395-7)
전화   02)374-8616~7
팩스   02)374-8614
이메일   gworldbook@naver.com
홈페이지   www.g-world.co.kr

ISBN   979-11-388-3728-6 (03070)

방송문화진흥총서 242

한국방송
정치보도
VS
미국방송
정치보도

이재훈 지음

좋은땅

이 책에는 방송기사에 대한 애정과 통찰이 담겼다. 특히 한국방송의 정치 기사를 치밀하게 분석한다. 30여 년 현장 기자의 경험과 연구자로서의 체계적 분석이 결합돼 현장 후배들이 꼭 읽어야 하는 교과서적 가치를 가졌다. 워싱턴 특파원으로 일하며 관찰한 미국방송의 정치 담당 기자들 이야기는 이재훈 박사가 아니면 담아내기 어려운 세부 사실들을 담고 있다. 공부만 하는 대학 교수들은 찾아낼 수 없는 현장의 모습이 자세히 전달된다.

한국의 정치기사는 "평면적 스케치와 표피적 분석이 대부분"이라는 저자의 진단에 동의한다. 출입처에서 받아쓰기에만 몰두하는 한국 기자들의 대통령 취재 관행에 대한 반성도 큰 울림으로 다가온다. 정치인의 말에만 의존하는 한국방송 뉴스의 취재와 제작 현장이 쉽게 변하리라고는 생각지 않지만 이 책이 하나의 중요한 계기를 제공할 수 있을 것으로 믿는다.

이재경
이화여대저널리즘교육원 원장
전 이대 커뮤니케이션 · 미디어학부 교수

들어가며

33년을 방송기자로 일하며 여러 부서와 많은 취재현장을 거쳤다. 하나같이 의미 있고 소중한 체험들이었지만 그 가운데 기자로서 가장 강렬한 경험을 한 시기는 정치부 현장 기자 시절이었다. 공동체의 최상위 결정 체계라 할 수 있는 정치는 때로는 불가능해 보이는 것들을 가능케 만들지만 때로는 과도한 대립과 갈등 유발로 공동체의 발목을 잡기도 한다. 정치현장은 역동적이고 거친 힘의 대결장이면서도 한편으로는 정교한 조정과 타협의 장이기도 하다.

정치가 중요한 만큼 정치뉴스는 당연히 중요하다. 언론은 정치 현상을 관찰, 감시하고 언론의 시각을 통해 국민에게 전달한다. 좋은 정치뉴스는 국민들의 정치의식을 높이고 올바른 정치 판단을 이끌어 낸다. 그래서 정치뉴스의 품질 향상은 민주주의 발전의 필수 요소다. 모든 미디어의 정치뉴스가 중요하지만 특히 방송의 정치뉴스는 더 중요하다. 신문보다 훨씬 직관적이고 대중적이어서 미치는 영향력이 크다. TV화면과 육성은 정치현장의 일들을 생생하게 전달하고 이는 대중들의 정치적 선택에 결정적 역할을 한다.

이 같은 중요성에도 불구하고 우리 방송의 정치뉴스는 여러 가지로 미

흡하고 문제점들이 많다. 정치 발전 속도에 맞춰 우리 방송의 정치뉴스도 나름 발전한 것은 사실이지만 여전히 후진적 요소들이 존재한다. 가장 자주 거론되는 것이 정보량 부족과 심층성이 약하다는 점이다. 정치는 어느 분야보다 복잡하고 다층적 현상들의 총합인데 방송의 정치뉴스는 이를 깊이 있게 전달하지 못한다. 평면적 스케치와 표피적인 분석이 대부분이다. 맥락을 충실하게 짚어 주는 기사나 심층 분석 리포트는 시청률 떨어진다는 이유로 외면받기 일쑤다.

정형화된 방송뉴스 패턴도 문제다. 스트레이트 기사와 리포트라는 두 양식에 방송기자들이 너무 익숙해져 모든 정치현상을 두 가지 기사 틀에 꿰어 넣으려는 관행이 고착되고 있다. 더 다양하고 창의적 기사 패턴을 시도해야 하지만 기자도, 데스크도 익숙한 관행을 좀처럼 탈피하려 하지 않는다.

출입처 위주 취재 관행도 정치뉴스의 고질적 문제로 지적된다. 기자실에 주로 머무르며 출입처가 제공하는 수동적 뉴스만 생산하는 관행이 여전하다. 필자의 경험을 예로 들면 2000년대 초반 3년 반가량을 청와대 출입기자로 일할 때 거의 매일을 춘추관 기자실에 앉아 대변인이나 수석, 비서관들의 발표 내용을 수동적으로 받아 적기 바빴다. 능동적으로 외곽 정보를 취재하고 나만의 관점에서 기사를 쓰는 것은 현실적으로 불가능한 구조였다. 모든 출입기자들이 천편일률적 비슷한 기사를 쓸 수밖에 없었다. 정도의 차이만 있을 뿐 이런 상황은 정치부의 주요 출입처 기자들도 비슷한 실정이다. 출입처 위주 시스템을 개선해 보고자 KBS 등 일부 방송사가 이슈 중심의 기사 생산 시스템을 시도한 바 있지만 여러 사정으로 진전을 보지 못하고 있다.

뉴스의 과도한 정파성은 가장 심각한 문제로 지적된다. 방송, 특히 공영방송 뉴스의 정파성 문제는 첨예한 사회 갈등 사안이다. KBS·MBC 두 공영방송 정파성은 방송계를 넘어 국가적 이슈로 비화되는 형국이다. 정권 교체기마다 경영진 교체와 노조의 저항, 구성원 간 반목이 이어진다. 프로그램 공정성 시비도 그치지 않는다. 특히 정치뉴스에 대한 공정성·편파성 시비는 갈수록 악화되고 있다.

정보량과 심층성이 부족하고 공정성 시비까지 큰 정치뉴스를 어떻게 개선해야 할지 논의가 없었던 것은 아니다. 방송사 구성원들은 물론 언론학자, 사회시민단체 등에서 지속적 논의가 있었지만 괄목할 만한 진전은 없었다. 아이디어와 방향성에 대한 논의는 많았지만 실행은 좀처럼 이뤄지지 않고 있다. 게다가 지금처럼 정치 양극화가 첨예한 현실에서 정치뉴스에 대한 논의는 자칫 특정 진영에 유리한 논의 아니냐는 오해까지 살 수 있는 형국에 이르고 있다.

* * * * *

2010년부터 3년간 워싱턴 특파원으로 일하며 미국방송의 현장을 관찰할 기회가 있었다. 백악관이나 상하원, 국무부 등 주요 출입처를 갈 때마다 미국 방송기자들을 유심히 관찰했다. 미국방송사 정치뉴스도 틈나는 대로 챙겨 보았다. 대통령 선거 유세장이나 전당대회 등 주요 정치현장에서도 나의 시선은 미국방송 기자들에게 향했다. 현장 중계와 리포트 준비에 바쁜 모습은 우리와 같았지만 다른 점들이 눈에 띄었다. 무엇보다 신문기자 못지않게 심층보도를 하기 위해 애쓰는 모습이 인상적이었다.

단일 주제 단발성 리포트로 정치뉴스 대부분을 만드는 우리와 달리 정치와 연관된 그날 경제나 사회 이슈 등을 같이 엮어 심층 리포트로 제작하는 경우가 많았다. 후다닥 신속하게 그날 리포트를 해치우는 우리와는 다른 모습이었다. 나도 그랬지만 우리 정치부 기자들은 리포트를 대부분 정치권 내에서 벌어지는 현상들 위주로 제작한다. 실제 정치이슈들은 대부분 사회, 경제, 문화 등 다른 분야와 직간접으로 연계되어 있다. 타 취재부서와의 협업이 필요하다. 본질적으로 정치는 인간사 모든 분야에 망라되기 때문이다. 그러나 우리 방송은 정치현장 위주로 취재해 기사를 쓰고 타 부서와의 협업 취재는 좀처럼 하지 않는다.

이에 비해 미국방송의 정치뉴스는 훨씬 혼합적으로 구성되어 있다. 정치현상을 따로 분리해 리포트를 하는 경우도 있지만 정치와 연관된 이슈들을 한데 묶어 패키지로 보도하는 이른바 '혼합형 주제 리포트'가 상당히 많다. 사안의 맥락을 종합적으로 이해하는 데 도움이 된다. 한국의 경우 부서 간 장벽, 또는 기사 쓰기 복잡하다는 등의 이유로 혼합형 리포트에 적극적이지 않다. 품도 많이 들고 굳이 협업기사를 기대하지 않는 언론사 내부 문화도 한 이유다.

NBC, ABC 등 메이저 방송 기자들에 해당되는 얘기긴 하지만 분석·해설 기사가 상대적으로 많고, 해설성 리포트도 적지 않다. 출입처에 종일 상주하는 우리와 달리 기자실 밖에서 활발히 외부 취재원과 만나는 모습도 인상적이었다. 스스로를 기자실 공간에 가둬 놓는 우리 정치부 기자들과는 다른 모습이었다.

우리와 마찬가지로 미국방송도 공정성 논란에서는 자유롭지 못하다. 대표적 보수방송인 FOX NEWS를 놓고 극우방송이라는 비난이 많다. 반대로 보수 진영에서는 CNN이나 NBC 방송을 좌파방송이라고 비난한다. 그럼에도 극단적으로 치닫는 경우는 좀처럼 없다. 전통적인 양당 구도가 오래 자리 잡은 데다 정권이 교체됐다 해서 방송사 경영진이 바뀌는 경우도 없다. 우리 못지않게 정치 양극화가 심각하지만 방송사들이 양극화에 종속되기보다는 각사의 가치 기준과 방침에 따라 뉴스를 생산한다. 시청자들은 자신의 가치관이나 성향에 맞는 채널을 선택한다. 세계에서 가장 시청률 경쟁이 치열한 미국에서 볼 수 있는 뉴스 생태계다.

* * * * *

미국의 방송을 우리가 그대로 따라 할 이유는 없다. 그럴 수도 없다. 정치, 문화, 경제 등 모든 여건이 다르기에 당연히 방송도 다르다. 방송은 한 나라의 현재와 과거를 담는 거울이자 현존 그 자체이기에 미국 사례를 그대로 모방하는 것은 가능하지도 않고 위험할 수도 있다. 정치뉴스도 예외일 수 없다. 그럼에도 우리가 미국방송 정치뉴스를 고찰하는 것은 우리 정치뉴스를 객관적으로 보기 위함이다. 우리만의 시각에 갇혀 보지 못했던 한계와 문제점을 타자적 관점을 통해 발견하기 위해서다. 이를 통해 우리 정치뉴스의 품질 개선에 기여할 수 있다면 우리나라 정치 발전에도 기여할 수 있을 것이다.

이런 생각들을 구체적으로 펼치기 위해 본 저술은 다음과 같은 구성으로 한-미방송 정치뉴스의 차이점과 주목할 점들을 설명했다.

1. 한국방송 정치뉴스의 특징과 문제점
2. 미국방송의 정치뉴스의 특징: 어떻게 취재하고 방송뉴스를 만드나?
3. 한-미 정치기사와 리포트 차이 분석: 리포트 구성방식, 주제, 편성에 서의 차이
4. 한-미방송의 대통령뉴스 비교
5. 한-미 선거방송과 선거보도 비교분석: 선거보도, 개표방송, TV광고
6. 대통령과 TV
7. 방송의 정파성과 정치후견주의
* 마무리와 제언

본 저술은 필자의 33년 방송기자 기간 중 직접 체험한 한-미 양국 정치 현장에서의 일들을 기반으로 작성했다. 저술의 전반부는 우리나라 정치 현장에서의 취재 이야기와 방송 정치뉴스의 문제점을 담았다. 이어 현재 진행형으로 전개되고 있는 방송계 주요 현안, 특히 정치뉴스를 둘러싼 정파적 갈등 및 이와 연계된 정치환경을 짚어 보았다. 필자의 청와대 출입

기자(2003~2006) 시절 대통령 취재 이야기, 데스크로서 정치부장, 국제부장 시절에 다룬 국내외 주요 이슈들도 담았다.

미국방송 파트에서는 3년간 워싱턴특파원(2010~2013)으로 재직하며 직접 보고 경험한 미국 방송기자들의 취재 행태와 뉴스 생산 과정, 주요 방송사들의 개표 방송전쟁 등을 담았다. 한·미 방송기사 패턴에서의 차이점, 리포트 제작 방식, 뉴스 편성 차이점도 살펴보았다. 또 한·미 주요 방송사인 KBS와 NBC의 메인뉴스에 등장하는 대통령뉴스의 차이점과 유사점을 파악했다. 저술 후반부에는 2024년 대선 레이스 기간 치열하게 펼쳐졌던 민주·공화 대선후보(카멜라 해리스 부통령 vs 도널드 트럼프 전 대통령)의 TV토론과 TV광고 경쟁 상황을 현재 진행형 시각으로 살펴보았다.

한국이든 미국이든 방송기자들은 늘 시간에 쫓기고 분주하다. 수시로 발생하는 스트레이트를 챙기느라 바쁘고 자신에게 부여된 그날 리포트를 제작하느라 바쁘다. 하루하루 일에 몰두하다 보면 긴 호흡으로 심층을 들여다볼 여유가 없다. 오랜 기간 방송기자 일을 해도 남는 것이 별로 없다는 자조를 종종 듣곤 한다. 그래도 기자로서 자신이 겪은 한 시대의 중요한 일들을 기록하고 정리하는 것은 중요하다. 차분히 관찰하고 체계적으로 분석해 의미 있는 조언을 해 줄 수 있다면 보람 있는 일이 될 것이다. 본 저술이 방송기자들, 특히 정치뉴스 품질 향상에 애쓰는 후배 기자들에게 다소나마 도움이 됐으면 하는 바람이다.

이재훈

목차

1. 한국방송 정치뉴스, 무엇이 문제인가?

2. 미국방송 정치뉴스, 무얼 살펴봐야 하나?

BOX 글

1

한국방송 정치뉴스,
무엇이 문제인가?

한국의 방송뉴스, 그중에서도 특히 정치뉴스는 문제가 많다.
사람들이 방송뉴스를 욕할 때 가장 많이 욕하는 것이 정치뉴스다.
왜 우리 정치뉴스는 욕을 많이 먹을까? 무엇이 문제일까?

문제를 차근차근 톺아보려면 다른 나라와 비교해 타자적 관점으로
들여다보는 것이 하나의 방법이 될 수 있다. 여러 나라가 있지만 방
송이란 미디어를 세계에서 가장 먼저 했고 방송뉴스 역시 가장 먼저
시작한 미국 뉴스를 살펴보면 의미 있는 개선점을 찾을 수 있지 않
을까?

한국과 미국의 방송 정치뉴스를 비교하기 위해 우선 한국방송 정치뉴
스를 살펴보자.

정치뉴스는 한국이나 미국이나 본질적으로 정치현상을 다룬다는 점에
서 같다. 하지만 한국의 정치 특수성과 사회·문화적 환경에 따른 특징
이 있다. 방송이라는 미디어 특성에 따른 방송뉴스만의 특징도 있다. 우
리나라 방송사가 만드는 정치뉴스 중 가장 많이 지적되는 문제는 무엇일
까? 바로 정치인의 말에 지나치게 의존해 뉴스를 만든다는 것이다.

정치라는 것이 기본적으로 정치인의 말로 이뤄진다. 당연히 말이 중요
하지만 우리 뉴스는 마치 중계하듯 정치인의 말에 지나치게 집중한다. 방
송사 정치부에서 오랜 기간 뉴스를 만들었던 필자의 경험을 봐도 방송 리
포트를 만들 때 가장 먼저 하는 일이 정치인의 육성(sound-bite)을 찾는

일부터 시작한다. 머릿속에 구상해 놓은 리포트 주제와 기사 설계도에 적합한 정치인 육성을 찾아 적절한 위치에 꿰어 넣는다. 대부분 이런 식으로 리포트를 만드는 날이 많다. 그게 제일 간편하고 신속하기 때문이다. 매일 뉴스 마감시간에 쫓겨 허덕이는 방송기자들 대부분이 이렇게 일한다.

또 다른 문제점은 복잡한 정치 사안을 오직 정치인의 관점에서 전달한다는 것이다. 그들이 무슨 말을 하고 누구를 만나 밥을 먹고 그래서 뭘 논의하는지 집중해 뉴스를 전개한다. 오로지 그들만의 세계를 전하는 뉴스다. 정치가 실제로 국민들의 삶에 어떤 영향을 미치는지 친절하게 알려주는 뉴스는 찾아보기 어렵다. 그러다 보니 국민들 상당수가 정치뉴스를 정당 간의 세력다툼이나 이합집산 수준 정도로 이해한다.

이른바 출입처 위주의 기사가 너무 많이 생산된다는 것도 문제다. 대통령실이든 국회든 외교부든 기자들은 각자의 출입처에서 벌어지는 일들을 그저 충실하게 전하는 데 집중한다. 자기 출입처 이슈를 꼼꼼하게 리포트를 만들어 방송에 내보내면 자기 몫을 다한 성실한 기자로 평가받는다. 스스로도 뿌듯해한다. 하지만 정치는 공동체의 모든 요소들을 다양하게 아우르며 함께 역동한다. 정치를 포함해 사회·경제·문화 여러 분야가 서로 영향을 주고받는 유기적 시스템이다. 하나의 출입처에서 발생한 하나의 이슈를 담는 리포트만으로 정치를 제대로 설명하기는 어렵다.

1) 방송사 정치부는 어떻게 돌아가나

앞에서 언급한 문제들은 방송사 내부 구성원은 물론 언론학자들 사이에서도 자주 지적되어 온 것이지만 크게 개선된 것은 없다. 문제를 알긴 하지만 바삐 돌아가는 방송현장에서 성찰할 여유가 없다는 것이 기자들의 얘기다. 지금부터 정치뉴스의 현장 실태를 살펴보면서 문제들을 하나씩 짚어 보고자 한다.

■ 방송뉴스 제작과정

방송뉴스 제작을 위해서는 긴밀한 내부 소통과 많은 의사결정 단계가 필요하다. 방송사 보도국(혹은 뉴스룸)에서는 매일 각 단위별로 크고 작은 회의가 진행된다. 국장 주재 편집회의부터 부장 주재 회의, 팀장 주재 회의 등이다. 이외에도 출입처 별로 대면-비대면 회의가 수시로 열린다. 통상적으로 방송사 보도국에서 1차 기사 발제는 하루 전에 이뤄진다. 취재기자는 전날 퇴근 전에 다음 날 예정된 주요 정치 일정과 기사 기획안을 팀장이나 데스크에 보고한다. 다음 날 아침 출근하면 우선 밤사이 벌어진 이슈와 정보들을 챙기고 전날 보고했던 일정과 기획안을 업데이트해 데스크와 조율한다. 일정과 정보들은 보도국 뉴스시스템에 올려지고 정치부장에게 취합 보고된다. 정치부장은 정보와 일정 등을 종합해 그날 메인뉴스에 실을 아이템을 준비한다. 그리고 보도국장이 주재하는 아침 편집회의에 들어간다.

보도국 편집회의 운영방식은 방송사마다 다소 차이가 있지만 대개 각 부서장이 돌아가며 자기 부서의 주요 현안과 당일 발제 뉴스아이템을 보고하는 식으로 진행된다. 보도국장이나 부국장이 회의를 주재하는데 각 부서 발제 아이템에 대해 의견을 제시하기도 하고 부서 간 협조사항을 논의하기도 한다. 사회부나 국제부 등에서 대형 사안이 터지면 정치부에서도 관련 아이템을 제작해야 하기 때문이다. 예를 들어 중동 전쟁이 발발할 경우 대통령실이 관련 대책을 발표하기도 하고 여당이나 야당에서도 논의가 이뤄지기 때문이다.

아침 편집회의가 끝나면 정치부장과 차장 데스크는 대통령실, 국회, 외교부 등 각 출입기자에게 그날 메인뉴스의 제작과 취재 방향에 대해 지시한다. 이를 기반으로 기자들은 취재에 나선다. 오후 편집회의는 2시나 2시 30분에 열리는데 아침 편집회의 이후 변경된 상황이나 새로 발생한 이슈를 논의한다. 이를 토대로 그날 리포트 아이템 중 무엇을 추가하고 빼지 논의해 그날 메인뉴스의 큐시트를 구체화한다.

저녁이 되고 8시 메인뉴스[1] 시간이 임박하면 각 기자들의 리포트 초고 기사가 작성된다. 이때부터 부장이나 차장의 데스킹 작업이 본격화된다. 하루 일과 중 가장 긴박하고 밀도 높은 시간이 펼쳐진다. 초고 기사는 기

---

1) 방송사별로 메인뉴스 시간이 다르다. KBS는 9시, MBC와 SBS는 8시, MBN과 JTBC, 채널 A는 저녁 7시다.

자가 회사에 들어와서 작성하는 경우도 있고 출입처나 취재현장에서 온라인으로 송고하는 경우도 있다. 부장이나 차장은 대면이나 전화로 기자와 소통하며 기사를 수정하거나 보강 지시를 내린다. 데스킹 작업이 끝나면 기자는 출고기사를 토대로 본격적으로 리포트 제작에 들어간다. 메인 뉴스까지 시간 여유가 별로 없기에 오디오 더빙 → 영상 편집 → 자막과 CG 작업 → 최종 검수 등 일련의 뉴스 제작 프로세스가 숨 가쁘게 펼쳐진다.

[BOX] 자율적인 듯하지만 일사불란한 위계질서

흔히들 기자가 다른 직장에 비해 분위기가 자유롭고 업무도 자율적이라고 생각하는 사람들이 많다. 일부 자율적 측면이 있는 것은 사실이다. 사무실에서 신문보고 인터넷 서핑을 해도 잔소리하는 사람이 없다. 하지만 뉴스 업무의 특성상 수직적이고 위계적인 조직문화는 엄연히 존재한다. 방송사 보도국은 수차례의 변화 노력에도 불구하고 전통적인 구조에서 크게 달라지지 않았다. 보도조직의 명칭을 보도국 → 뉴스룸 → 통합뉴스센터 등으로 이리저리 바꿔 가며 변화 시도가 있었지만 국장을 정점으로 한 취재부서 편제는 거의 그대로다. 부장 아래로 현장취재팀과 일선기자들이 피라미드 모양으로 배치되는 구조는 기본적으로 달라지지 않고 있다.

정치부, 경제부, 사회부, 문화부 같은 취재부서의 명칭도 정부 부처 이름을 연상하게 한다. 수직적, 관료적 위계 문화가 사라지지 않는 이유는 무엇보다 뉴스 제작이 '일사불란'과 '신속성'을 요구하기 때문이다. 마감 시간에 맞춰 조직원들이 일사불란하게 움직여야만 방송사고 없이 뉴스를 낼 수 있다. 뉴스 제작 과정에 각각의 구성원들(데스크-취재기자-카메라기자-영상편집자-뉴스편집부-자막·CG제작요원-뉴스스튜디오 진행요원 등) 가운데 하나라도 긴장을 늦출 경우 아주 곤란한 상황이 생길 수 있다.

　　　　　　　　　　한국방송 정치보도 VS 미국방송 정치보도

■ 시간에 쫓겨 본질을 놓친다

방송기자들은 늘 바쁘고 그중에서도 정치부 기자는 특히 바쁘다. 시간에 쫓기고 하루하루 과중한 업무에 시달린다. 대부분의 방송사 정치부 기자는 기계적으로 뉴스를 생산하느라 분주하게 일과를 보낸다. 차분하게 정치의 본질을 들여다볼 여유가 없다. 정치인의 언행을 표피적으로 전하는 데 그칠 뿐이다. 필자의 경험으로 봐도, 청와대 출입기자를 3년 가까이 했지만 깊이 있는 대통령 기사를 써 본 기억은 별로 없다. 매일매일 큰 이슈가 터지다 보니 이를 전달하기 급급하고 단발 리포트 제작에만 몰두한다.

2004년 노무현 대통령 탄핵 이슈가 터졌을 때는 온종일 중계차 생방송과 뉴스시간마다 리포트를 하느라 며칠을 고생했지만 깊이 있는 분석기사를 썼던 기억은 나지 않는다. 며칠 지나면 금방 잊히고 또 다른 이슈에 매달려야 한다. 3년 가까운 오랜 기간에도 축적되는 경험과 지식은 빈약했다. 같은 출입처의 일부 신문사 기자들이 나름대로 이슈를 심층 분석하며 기자로서의 내공을 쌓아 가는 모습을 볼 때 나를 돌아보기도 했다.

■ 정치뉴스의 과잉

한국방송 정치뉴스의 특징 가운데 하나로 정치보도의 과잉을 꼽을 수 있다. 방송사 뉴스나 시사프로 중 상당 분량이 정치 이슈로 채워진다. 리디오의 경우 아침 시사프로는 정치 이슈로 대부분 채워진다. 유력 정치인들이 매일 출연해 자신의 의견을 쏟아 낸다. 낮 TV방송 시간에는 '시사 ○○○', '뉴스○○' 등의 타이틀을 단 프로그램에 매일 정치인과 정치평론가들이 출연해 시간을 채운다. 종편은 더하다. 아침부터 저녁까지 편성의 거의 절반을 정치이슈로 도배한다. 정치가 중요한 것은 맞지만 과연 이렇게 압도적 분량을 차지해야 하는지는 의문이다. 정치뉴스는 민주주의에 꼭 필요한 요소지만 정치과잉 역시 경계해야 한다. 적정 수준을 넘어선 정치과잉은 불필요한 갈등을 증폭시킬 수 있다.

정치가 실제로 국민에게 가장 중요한 영향을 미치는 것은 정책 영역이다. 국민의 일상과 운명을 결정하는 중차대한 정책 이슈들이 매일 발생하는 곳이 정치 현장이다. 그러나 방송을 비롯한 대부분의 한국 언론은 정책보도보다는 정쟁에 치중한다. 대통령이나 고위 정치인들의 권력 암투, 개각이나 인사 갈등, 세력 경쟁 등 흥미 위주의 기사를 선호한다(이완수, 2022). 이러한 정치보도는 사실 국민의 삶과는 직접적 관련이 없다.

개각 뉴스는 정치부 기자, 특히 대통령실 출입기자들에게 가장 큰 스트레스다. 개각 발표를 앞두고 누가 장관이 되는지, 검찰총장은 누가 되는지 촉각을 곤두세워 취재에 열을 올린다. 개각 특종은 언론사나 기자들 간의 힘겨루기 양상을 보이기도 한다. 어느 언론사 어느 출입기자가 더 최고위 권력자에게 밀접한지 과시하는 척도로 여겨진다. 사실 국민 입장에서는 누가 장관이 되는지, 검찰총장이 되는지 하루 이틀 늦게 안다고 해도 별 상관없는 일이다. 그럼에도 기자들은 다른 더 의미 있는 뉴스 취재에 써야 할 에너지를 개각 이슈에 소모한다.

■ 상명하복 조직문화

방송사 정치부는 여타 한국 언론사의 분위기가 그렇듯 '상명하복의 엄격한 위계서열 질서'가 작동한다. 뉴스 생산 시스템이 본질적으로 여러 복잡한 정보를 수집해 정해진 시간 안에 방송해야 하는 구조이기에 각 사별로 약간의 차이만 있을 뿐 본질은 상명하복이다. 정해진 시간 안에 뉴스 마감을 해야 하는 방송 제작의 특성상 수직적인 문화는 불가피하다. 최소한의 커뮤니케이션으로 최대의 효율성을 내기 위한 선택이라 할 수 있다.

이 같은 수직적 문화는 기사의 품질에도 영향을 미친다. 정치부 뉴스의 경우 다른 부 뉴스들에 비해 방향성이나 정파성이 훨씬 균질하다. 방송사별로 전반적 논조나 편집 방향도 비슷하다. A 기자의 리포트는 대통령 정책을 옹호하는데 B 기자의 리포트가 정부·여당을 비판하는 경우는 극히 드물다. 경제부나 사회부, 문화부 등 다른 부서의 경우 각 출입처나 이슈별로 여러 관점의 기사 생산이 가능한 데 비하면 매우 획일적인 관점이라 할 수 있다. '데스킹'과 '게이트 키핑'이 다른 어느 부서보다 강한 부서가 정치부라 할 수 있다.

개별 기사의 구체적 내용에 대해서도 데스크의 간섭이 심한 경우가 많고 기자 개개인이 알아서 '게이트 키핑'을 하는 경우도 적지 않다. 특히 공영방송의 경우 정권 향배에 따라 간부진의 교체되고 이에 따라 뉴스룸의 분위기도 이전 정권 때와 달라진다. 사장과 보도본부장, 보도국장, 정치부장은 물론 정치부 현장기자들도 이른바 '친여권 성향'의 기자들로 대부분 교체되고 정치뉴스도 당연히 논조가 달라진다. 기사에 대한 데스크의 통제와 게이트 키핑이 강해지면서 편파성과 공정성 시비가 이어진다.

한국방송 정치보도 VS 미국방송 정치보도

2) 정치부 기자와 출입처

지상파 방송사 기준으로 정치부에는 부장, 데스크 포함해서 통상 20명 정도의 기자들이 배치돼 있다. 보도국 부서들 가운데 보통 사회부 다음으로 규모가 크다. 신문사 정치부에 비해 방송사 정치부가 인력이 더 많다. 주말에도 방송뉴스를 해야 하고 신문에 비해 방송뉴스 제작이 훨씬 복잡하고 인력이 많이 필요하기 때문이다.

정치뉴스는 주로 정치부 기자들의 출입처에서 생산된다. 방송사 정치부 기자들은 대부분의 시간을 출입처 공간에서 보낸다. 출입처는 기자들이 취재원을 가장 손쉽게 접촉하고 효율적으로 기사를 생산할 수 있는 공간이다. 정치부 기자들의 주요 출입처로는 대통령실, 국회, 총리실, 외교부, 통일부, 국방부 등이 있다(방송사에 따라 국방부가 사회부로 배속되는 경우도 있다). 외교부와 통일부, 국방부는 아예 '외교안보팀'으로 분리해 별도 운영하는 방송사도 있다. 정치부 인력이 너무 비대한 것도 원인이지만 이들 분야 뉴스가 국회나 대통령실에 비해 전문성이 높고 취재방식도 다르기 때문이다. 별도 팀으로 운영할 경우 대형 이슈가 터지면 전체 인력 운용의 효율성이 떨어지기에 정치부 안에서 유동적으로 운용하는 것이 보통이다.

■ 대통령실

대통령실은 정치부 출입처 가운데 가장 중요한 곳이자 회사 입장에서도 중요도가 큰 출입처라 할 수 있다. 윤석열 정부가 용산으로 대통령실을 이전하기 전까지는 '청와대'로 불렸다. 대통령실 출입기자는 방송사 최고 경영진도 관심을 갖는 중요 출입처로 이른바 '회사 안보'와도 밀접한 관련이 있기 때문이다. 대통령 및 비서실장, 정무수석, 홍보수석 등 이른바 '고위층'들의 동향에 신경을 곤두세우는 경영진이 많다. 대통령실 출입기자가 다른 출입처 기자들과 차별화되는 가장 큰 이유는 최고 권력자를 누구보다 가까이 취재할 수 있고 이른바 고급정보에 접할 기회가 많기 때문이다.

대통령실을 취재하는 전체 언론사들 출입기자 규모는 가변적이지만 대략 230명 안팎이다. 김대중 대통령 시절까지 대통령 출입기자는 60명 안팎 규모였으나 2003년 참여정부가 이른바 '개방형 기자실'을 도입하면서 숫자가 크게 늘어났다.[2] 대통령실 출입기자는 지상파방송, 중앙지 신문, 통신사, 지방언론사, 인터넷 언론 등으로 구분된다. 출입기자가 많다 보니 미디어 특성별로 편의상 나눠 운용하는 것이다. 매체별로 출입기자 회의를 따로 갖기도 하고 취재원과 식사자리 등을 할 때 매체별로 추진하기도 한다.

---

2) 참여정부는 2003년 '열린 청와대'라는 개념에 맞게 신문·방송협회, 기자협회, 외신협회, 한국인터넷신문협회에 가입된 언론사를 대상으로 1사 1인 원칙 아래 개방형 출입기자 등록제를 실시했다.(『미디어오늘』, 2003.3.23.)

지상파 방송사의 출입기자는 통상 2명이다. 선임 출입기자(1진 기자)는 기자 경력 10년 이상의 중견기자가 대부분이고 2진 기자는 5년에서 10년 정도가 일반적이다. 신문은 대개 1명이 출입한다. 기사 생산량이 많은 뉴스통신사는 3명에서 5명까지 출입한다. 방송사는 영상기자 2명이 출입기자로 별도 등록한다. 영상기자들은 대통령의 모든 공식행사에 취재 풀단을 구성해 현장을 촬영한 뒤 각 방송사 출입기자들에게 공유한다. 영상에는 텍스트 위주의 풀기사에는 담기지 않은 정보들(영상과 사운드바이트)이 많기에 꼼꼼히 살펴봐야 한다.

　　필자의 청와대 출입기자 시절 경험에 기반해 하루 업무를 설명하면 다음과 같다. 방송기자 기준으로 청와대 출입기자는 보통 아침 7시쯤 기자실로 출근해 밤사이 언론보도와 그날의 대통령 일정 등을 우선 확인한다. 대통령 관련 기사(개각, 순방, 안보현안, 주요정책 등)가 언론에 떴을 경우 대변인이나 해당 비서관에게 전화를 걸어 내용을 확인하고 보강 취재한다. 팩트가 확인되면 방송이나 통신의 경우는 바로 스트레이트를 써 송고해야 한다.

　　대통령 일정도 주요 뉴스 사안인데 세부 일정은 주로 대변인실에 문의한다. 이런 일련의 업무를 바쁘게 처리한 뒤 대략 7시 40분에서 8시 사이 회사 데스크(주로 정치부장)에 전화를 걸어 그날 뉴스 아이템을 논의한다. 아침 편집회의가 끝나면 다시 부장과 통화해 그날의 리포트 제작 방향과 취재계획 등을 논의한다. 오전 중에 대변인이 그날 대통령 일정 및 주요 현안 등에 대해 브리핑을 하고 질의응답을 받기도 한다. 대부분 중요한 사안들이기에 곧바로 기사 송고를 하고 낮 뉴스 리포트를 하기도 한다. 필요한 경우 추가 취재에 나선다.

　오후가 되면 대통령 외부 행사에 동행했던 풀기자들의 취재 내용이 공유된다. 이외에도 수시로 청와대 수석이나 정부 관계자들이 기자실에 나와 현안에 대해 브리핑을 하거나 기자회견을 갖기도 한다. 다 중요한 내용들이어서 신속히 기사 처리를 해야 한다. 늦은 오후가 되면 메인뉴스 리포트 제작에 들어간다. 보통 하루에 리포트 한 꼭지 정도 하는 경우가 대부분이지만 그날 사안에 따라 두 꼭지 이상 하는 경우도 적지 않다. 청와대 출입기자가 2명뿐이기에 추가 리포트는 정치부의 다른 기자가 해야 한다. 반드시 8시 메인뉴스 전에 리포트를 완성해야 하기에 대략 6시부터는 눈코 뜨기 힘들 정도로 바쁘다.

　어떤 날은 메인뉴스 진행 중 대통령실을 중계차로 연결해 생방송을 진행하는 경우도 있다. 개각 같은 중요한 발표가 임박했거나 영수회담 등 중요한 이벤트가 실시간 진행 중인 경우에는 생방송을 해야 한다. 메인뉴스가 끝난 이후에도 상황이 계속 진행 중일 경우에는 춘추관 기자실에서 스탠드바이하면서 취재하고 기사를 쓴다. 사안에 따라 밤늦게 특보를 하는 경우도 있고 다음 날 아침뉴스 리포트 준비를 위해 거의 밤을 새워야 하는 날도 있다.

누구를 취재하나?

대통령실 출입기자가 제일 많이 접촉하는 취재원은 대변인이다. 대통령의 '입'이라 할 수 있는 대변인은 대통령의 의중을 가장 잘 아는 사람 중 하나로 꼽힌다. 거의 매일 기자들과 통화하고 얼굴을 마주한다. 원만하게 기자들과 소통하고 대통령이나 수석들의 정보를 충실하고 정확하게 전해 주는 대변인이 유능한 대변인으로 꼽힌다. 윤태영 전 노무현 대통령 대변인은 하루에 기자들의 전화를 평균 200통 이상 받았고 혹 못 받았을 경우엔 꼭 리턴 콜을 해 줬다고 회고했다(윤태영, 2016). 대변인에 따라 다르지만 기자들의 질문에 제대로 대응하지 못하거나 기사 문제로 얼굴을 붉히는 경우도 종종 있다.

대변인 다음으로 자주 접촉하는 취재원은 홍보수석이다. 직제상으로는 홍보수석이 대변인보다 위지만 누가 더 대통령의 복심에 근접하느냐에 따라 기자들 취재가 달라진다. 대변인과 홍보수석 외에 다른 청와대 인사들도 사안에 따라 개별적으로 전화하거나 대면을 시도한다. 공식브리핑 외에 출입기자 개개인의 취재력이나 네트워킹에 따라 비공식적 개별 취재가 이뤄진다. 이를 통해 특종이 나오기도 하고 심층기사가 생산되기도 한다. 개별 취재는 기자 소속사가 이른바 '메이저'냐 '마이너'냐에 따라 영향을 받기도 하고 이른바 '정권 친화적 언론'이나 '비친화적 언론'이냐도 영향을 받는다. 어느 경우든 기자 개개인의 열정과 노력은 기본이 되어야 한다.

수동적 취재 환경… 기자실에 종일 머무는 기자들

대통령실에는 중요 국가 기밀이나 보안이 요구되는 사안들이 많아 기자들의 취재 접근이 쉽지 않다. 대부분 공식 브리핑과 질의응답을 통해 기사가 생산되며 그 외의 취재원 개별 접촉은 제한된다. 그날그날 이슈에 따라 해당 수석비서관이나 그 이상의 고위공직자(대통령실장, 정책실장, 안보실장 등)가 기자실에 나와 사안을 설명하고 질의응답을 진행한다. 공식 브리핑 이후에는 대개 백브리핑이 이어진다. 공식 브리핑 때는 카메라 촬영을 하지만 백브리핑은 카메라 없이 진행된다. 국가 기밀 사항이나 민감한 내용이 오가는 경우가 많아 대체로 익명보도를 요구한다. 이런 경우에는 '고위관계자' 등으로 기사에 인용한다.

일일 브리핑(daily briefing)은 통상 매일 일정한 시간에 진행하지만 때로는 예고 없이 '장관 경질'이나 '남북 고위급 접촉' 등 중요 사안이 발표되기도 한다. 출입기자들이 오랜 시간 자리를 비울 수 없는 이유다. 특히 방송기자는 속보 자막 처리를 제때 못하면 뼈아픈 낙종을 할 수 있다. 신문기자도 외부에서 장시간 있기는 어렵다. 이런 이유로 출입기자들 대부분이 종일 기자실에서 '죽치고' 있어야 한다. 그때그때 터지는 기사를 '수동적'으로 전달하는 패턴이 될 수밖에 없다. 간혹 생산되는 특종이나 심층기사는 퇴근 후 외부에서 관계자와의 개별 접촉이나 다른 경로를 통해 취재되는 경우가 많다.

정치부 기자 입장에서 볼 때 대통령실과 국회는 취재환경이 매우 다른

한국방송 정치보도 VS 미국방송 정치보도

출입처다. 국회는 공간이 개방적이고 사람도 많아 수많은 정보가 넘쳐나는 정보의 홍수라 할 수 있다. 무엇을 골라 기사화할지 고민하는 곳이다(박찬정·박재영, 2022). 반면 대통령실은 취재원 접근이 까다롭고 정보도 수동적으로 공급받는 경우가 대부분이다. 아예 기자와의 개별접촉을 금지했던 적도 있다. 노무현 대통령 시절에는 한동안 공무원들의 기자 개별접촉을 금지했고 다른 대통령 시절에도 민감한 기사나 언론과 불편한 상황이 생기면 수시로 '기자 접촉 금지령'이 내려지곤 했다.

윤석열 대통령이 취임 1주년을 맞은 2023년 5월 10일 서울 용산 대통령실 청사 내 기자실을 여당 지도부와 함께 방문하고 있다.(대통령실 홈페이지)

나의 청와대 취재일지

기자생활 17년 차이던 2003년 10월 사회부 차장을 하다 청와대 출입기자로 발령이 났다.[3] 청와대 출입기자 등록에 필요한 복잡한 신원조회 서류를 제출하고 다음 날부터 춘추관으로 출근을 시작했다. 2006년 7월까지 2년 9개월간 대통령을 취재하고 많은 기사를 썼다. 당시는 노무현 대통령 집권 초반기였지만 '허니문 정국'은커녕 여야 갈등이 최고조에 달한 시기였다. 진영 간, 이념 간 대립도 극심했다. 노무현 대통령은 '대통령 못 해 먹겠다' 등의 직설적 발언으로 연일 야당과 언론들의 뭇매를 맞았고 청와대 출입기자도 바람 잘 날 없었다.[4]

출근한 지 며칠 되지 않은 10월 10일 갑자기 대통령이 춘추관에 와서 긴급 기자회견을 한다고 직원들이 부산하게 움직였다. 의아해하는 기자들 앞에서 노 대통령은 대뜸 '재신임을 묻겠다'는 폭탄선언을 했다.[5] 구체적 내용을 듣기도 전에 바로 회사에 전화해 속보 자막을 넣고 뉴스특보 체제로 들어갔다. 정국은 요동쳤다. 5달 뒤인 2004년 3월엔 국회가 대통령을 탄핵했다.[6] 2달 뒤 헌법재판소는 탄핵안을 기각했다. 신문, 방송, 통신 할 것 없이 모든 기자들이 바빴지만 특히 방송기자들은 생각을 추스를 겨를도 없이 속보에 특보에 정신없던 기간이었다.

---

3) 2022년 5월 윤석열 정부가 출범하면서 청와대를 민간에 개방하고 용산 대통령실로 옮겨가면서 '청와대 출입기자'라는 말은 더 이상 사용되지 않고 대신 '대통령실 출입기자'라는 용어가 사용되고 있다. 본 연구는 역대 대통령 취재 기자들에 관한 내용이기에 필요한 부분에 '청와대 출입기자'란 용어를 사용했다. 2022년 5월부터 윤석열 대통령을 취재하고 있는 기자들에 대해서는 '대통령실 출입기자'란 용어를 적용했다.

4) 노무현 대통령은 2003년 5월 21일 청와대에서 '5.18행사 추진위원회' 인사들과의 대화 자리에서 "모두가 힘으로 밀어붙이려고만 하니 이러다 대통령직 못 해 먹겠다는 위기감이 듭니다"라고 말했다. 사흘 전인 5월 18일 광주를 방문했을 때 한총련 대학생 등으로부터 거친 항의를 받은 것에 대한 소회를 밝힌 과정에서 나온 말이다. 전체 맥락상으로 크게 문제될 것 없다는 의견도 있었으나 대통령으로서 해서는 안 될 부적절한 발언이라는 질타가 쏟아졌다. 노 대통령의 이 같은 직설적이고 거친 화법은 임기 내내 이어졌고 지속적으로 언론의 표적이 되었다.

필자의 청와대 출입기자 당시 리포트 화면
(MBC 뉴스데스크, 2004.3.1. 캡처)

노무현 대통령 재임 시절은 대통령과 언론과의 긴장관계가 역대 어느 정권보다
높은 시기였다. 임기 초부터 조·중·동 보수언론들에 대한 검찰 수사로 긴장관계
가 고조됐고 또 언론계의 거센 반발에도 불구하고 기자실 폐쇄를 단행했다. 청
와대의 경우 춘추관 안에 출입기자 업무공간이 있어 상시 이용은 가능했지만
이전 정권에서 허용됐던 기자들의 비서동 출입은 전면 제한됐다. 1990년 춘추
관이 건립되기 전까지 청와대 출입기자실은 비서동 안에 위치했다. 기자들은
수석의 사무실을 비롯해 비서동 내 공간을 거의 제약 없이 드나들며 취재할 수
있었다. 당연히 기사도 많이 생산됐고 취재원들과의 인적관계도 밀접하게 구축
할 수 있었다.

---

5) 당시 최도술 총무비서관이 뇌물을 받았다는 의혹으로 검찰 수사가 진행되자 노무현 대통령
   은 "수사 결과가 어떻게 나오든 국민들은 저를 불신할 수밖에 없다"라며 이날 긴급 기자회
   견을 통해 국민에게 재신임을 묻겠다고 전격 선언했다.
6) 노무현 대통령은 2004년 2월 24일 기자회견에서 "국민들이 총선에서 열린우리당을 압도
   적으로 지지해 줄 것을 기대한다.", "열린우리당이 표를 얻을 수만 있다면 합법적인 모든 것
   을 다하고 싶다." 등의 여당지지 발언을 했는데 야당들은 '대통령의 정치적 중립의무를 위
   반했다'며 탄핵소추안을 발의했다.

김대중 정권 때는 요일을 정해 해당 날짜에만 기자들의 비서동 출입을 허용했다. 제한적이나마 취재원과의 대면접촉이 가능했지만 노무현 정권 들어서는 이마저 전면 금지했다. 기자들은 종일 춘추관 내에서만 머물러야 했고 자연히 대면 취재활동은 크게 위축되었다. 하지만 비서동 출입 여부와 관계없이 매일 대통령발로 큰 뉴스가 나오기에 기자들은 자리를 떠나기 힘들었다. 특히 방송기자들은 수시로 진행되는 브리핑과 속보 처리에 잠시도 기자실을 비울 수 없었다.

용산으로 대통령실이 이전하기 전 청와대 춘추관 기자실
(『미디어오늘』, 2007.2.26.)

대면취재가 어렵다 보니 기사는 늘 수동적으로 생산됐고 당연히 리포트도 대통령이나 청와대 중심으로 쓸 수밖에 없었다. 활발하게 외부 취재원을 만나 기사의 외연을 넓혀야 한다는 의욕이 없었던 건 아니지만 현실적으로 매우 어려웠다. 대통령을 전체 정치현상의 한 요소로 보고 큰 구도의 정치기사를 써 보겠다는 처음 구상은 희망 사항에 그쳤다. 청와대 출입기자는 기자 경력 33년 중 가장 밀도 높고 치열한 경험이었지만 언론인으로서 부족함을 많이 느낀 시간이기도 했다. 입체적 취재와 깊이 있는 분석은 부족했고 기사와 리포트는 대통령 중심의 단선적 구성이 대부분이었다. 국가 최고기관을 취재한다는 책임감과 자부심도 있었지만 과연 언론인으로서 소임을 제대로 하는 것인지 의문도 들었다. 하루하루 방송 시간에 쫓기며 파편적 취재와 리포트만 했던 것은 무엇보다 아쉬웠다.

한국방송 정치보도 VS 미국방송 정치보도

■ 국회와 정당

국회는 정치부에서 가장 큰 출입처다. 국회는 대통령실이나 외교부 등 다른 정치부 출입처에 비해 출입과 취재가 자유로운 편이다. 민주주의의 심장부라는 상징성이 있어 기본적으로 국회는 열린 공간이어야 한다는 공감대가 있다. 누구나 취재할 수 있도록 열어 놓는다는 게 국회사무처의 기본 원칙이다. 2024년 기준 국회에 등록된 언론사는 400여 곳이다. 출입기자가 무려 1천7백여 명에 달한다. 대략 3만여 명으로 추산되는 우리나라 기자직 종사자의 약 5%가 국회에 등록된 셈이다(『잡포스트』, 2024. 5. 14.).

국회는 내규에 따라 2년 단위로 갱신되는 상시 출입기자증, 1년 단위의 장기 출입기자증 및 일시취재증(최대 7일)을 발급한다. 출입증 유형에 따라 출입·취재가 가능한 영역이 다르다. 지정석 배정은 상시 출입기자를 보유한 언론사에 한해 이뤄진다. 방송의 경우 KBS가 상시 18명과 장기 9명 등 27명으로 전 언론사 중에서 가장 많다. YTN이 상시 14명과 장기 9명으로 23명, 채널A·JTBC·TV조선이 각 22명, MBC·SBS·MBN이 각 21명으로 뒤를 잇는다(『미디어오늘』, 2020. 5. 14.).

출입기자가 많다 보니 국회 기자실은 늘 포화상태다. 기자들의 취재 편의를 제공하는 공간인 국회소통관은 2019년 확대·이전되었다. 이전에는 국회본청에 '정론실' 기자실 공간이 있었다. 정론실보다 기자석이 약 130석이 증가해 다소 나아지긴 했으나 여전히 자리 부족을 호소하고 있다. 출입기자가 워낙 많기 때문이다.

국회출입기자 등록현황(『미디어오늘』, 2020.5.14.)

소통관에서는 국회의원 및 주요 정당의 브리핑·기자회견을 포함해 다양한 취재활동이 이뤄진다. 주요 정치인이 소통관에 나타날 때마다 많은 기자들이 마이크나 휴대전화를 들이대며 취재 경쟁을 벌이는 모습을 볼수 있다. 소통관에서 진행되는 기자회견은 국회 인터넷 의사중계 홈페이지를 통해 실시간 시청할 수 있고, 다시보기 서비스도 이용 가능하다.

22대 국회 들어 소수정당 진입이 늘면서 소통관의 소수정당 사무공간 배정을 놓고 갈등이 벌어지기도 했다. 소통관 2층엔 주요 언론사 기자실과 기자회견장이 있고 3·4층엔 주요 정당의 공보 활동을 위한 사무실이 위치한다. 이 사무실 공간에서 각 당 대변인이 논평을 작성한다. 국회사무처는 21대 국회에서 정의당(6석)이 사용했던 사무실 공간을 조국혁신당(12석)·개혁신당(3석)·진보당(3석) 등에 배정했다. 3개 정당이 한 사무실을 구분해 쓰라는 것인데 빠듯한 공간이어서 이들 정당의 항의를 받기도 했다.

2019년 12월 23일 준공된 국회소통관은 지상 4층, 지하 1층, 연면적 2만4,732㎡ 규모로, 1층 후생시설, 2층 프레스센터, 3층 스마트워크센터, 4층 일반 업무시설, 지하 1층 주차장으로 구성됐다. 이전에 국회 본청 1층에 있던 정론관은 협소하고 시설이 낡아 불편함이 많았다.(국회 홈페이지)

최근에는 유튜버와 인터넷 등 뉴미디어 분야 취재인력들이 국회로 많이 몰리면서 여러 혼잡이 빚어지기도 한다. 정치보도 과잉 현상을 빚고 있는 한국 현실에서 이 같은 일이 좋은 정치뉴스 생산으로 직결되지는 않는다는 지적이다. 취재나 기사 훈련을 충분히 받지 않은 채 기자가 무한정 늘어나는 것도 질 낮은 정치뉴스로 이어질 가능성이 있다. 어느 정도 기준 설정이 필요하다는 목소리가 나온다.

국회 출입기자는 연차 순위에 따라 '국회반장', '부반장', '여당반장·야당반장', 그리고 중간연차인 '잡진', 막내연차인 '말진'으로 구성되어 있다. 방송사마다 약간 다르지만 반장·부반장급은 보통 15년에서 20년 차 정도의 기자가 맡는다. 이들은 후배기자들에게 업무를 지시하고 정보보고를 취합해 정치부 데스크와 취재계획 및 뉴스 제작 세부사항 등을 논의한다. 잡진과 말진 기자는 아침 일찍 국회로 출근해 그날 주요 일정과 국회의원 동정 등을 체크한다. 당에서 진행되는 원내대표 회의, 당대표 회의를 취재해야 하고 주요 정치인들의 방송출연 발언내용, SNS에 올린 글들을 확인해 반장에게 보고한다. 중요한 것들은 바로 기사를 송고해야 한다.

대부분 국회 출입기자들의 불만은 기사 생산량이 너무 많고 늘 시간에 쫓긴다는 점이다. 국회 본회의와 상임위 등에서 생산되는 수많은 뉴스를 처리해야 하고 주요 정치인들이 쏟아 내는 말을 취재하다 보면 정신없이 시간이 지나간다. 방송기자의 경우 바쁘게 움직이면서도 기사의 질은 신문에 비해 상대적으로 떨어진다는 점이 불만이다. 정치인을 깊이 취재해 품질 좋은 정치뉴스를 생산하는 것이 정치부 기자들의 목표지만 늘 시간에 쫓기는 방송기자들은 그날그날 하루치 뉴스를 만드는 데 급급한 실정이다. 기사 주제도 정책이나 국정 아젠다보다는 정치인의 갈등 상황을 전달하는 데 치중한다. 화제를 쉽게 끌 수 있는 '싸움판 국회' 보도에 익숙하기 때문이다. 국회출입 기자들 사이엔 가끔 우스갯소리로 우리는 '정쟁 전문 기자'라는 자조 섞인 농담을 하기도 한다.

(BOX) **정치부 취재와 '꾸미'**

국회 출입기자들은 '꾸미'라 불리는 소모임을 통해 서로 정보를 공유하고 취재 협업을 한다. 주로 카톡 단체 채팅방을 통해 이뤄지는데 4명에서 10명 정도로 구성되는 경우가 많다. 대개 비슷한 연차의 여러 언론사 기자들이 모이는데 '방송사 말진 모임', '여당 반장 모임', '보수성향 언론사 반장 모임' 같은 식이다. 꾸미의 취지는 정보가 워낙 많이 생산되는 국회 공간에서 서로 취재를 효율적으로 하기 위해 고안된 방식이다. 꾸미를 통해 취재 업무를 분장하기도 하고 주요 정치인을 대표 취재하기도 한다. 취재내용은 꾸미 가입원들에게 공유된다. 때로는 꾸미 가입원들끼리 특정 정치인과의 만남이나 식사자리를 추진하기도 한다(김창숙, 2022).

정보의 홍수라 할 수 있는 국회에서 꾸미 취재는 장점이 많은 방식이긴 하지만 지나치게 의존하면 자율적 취재나 독자적 기사 관점을 갖기 어렵다는 단점도 있다. 단톡방에서 정보와 의견을 공유하다 보니 서로 비슷한 시각으로 기사를 쓸 수밖에 없다. 단톡방에서 주도권을 쥔 한두 기자가 기사 '야마'를 정하면 다 따라가는 식이다. 꾸미 관행에 대한 비판도 많이 제기되고 있지만 한정된 취재 시간과 인력 조건에서 효율적으로 뉴스를 만들려면 불가피하다는 목소리도 있다.

■ 총리실, 외교부, 통일부, 국방부

대통령실과 국회 출입처 외에도 정치부는 총리실, 외교부, 통일부, 국방부에 출입기자를 배치한다. 이들 출입처는 상대적으로 뉴스거리가 적어 통상 1명만 배치한다. 큰 뉴스가 터질 경우엔 1~2명을 파견해 보강한다. 국회 출입기자들이 팀으로 움직이는 반면 이들 출입처는 기자 한 명이 모든 걸 커버해야 하기에 부담감이 있다. 하지만 자기 판단에 따라 취재하고 자율적으로 기획도 할 수 있다는 장점이 있다.

외교, 통일, 국방 이슈는 전문성이 높아 기사 쓰기가 까다롭다. 오랜 기간 출입해야 제대로 된 기사를 쓸 수 있다. 그렇지 않으면 기사가 부실해지거나 자칫 오보를 낼 수도 있다. 그래서 국방부 같은 경우는 국방 전문 기자를 육성해 전담 배치하기도 한다.

외교부·국방부를 취재하는 방식은 국회·정당 취재 방식과 상당히 다르다. 일단 기자가 전문지식을 많이 쌓아야 하고 해당 분야 전문가들과도 많이 접촉해 네트워킹을 쌓아야 한다. 그렇지 않으면 기사가 부실해지고 때로는 낙종의 쓰라림을 겪기도 한다. 그래서 출입처 기자실에 처박히기보다는 틈나는 대로 외부에서 활발하게 전문가들을 접촉하는 것이 바람직하다.

3) 한국방송 정치뉴스의 특징

언론사가 생산하는 정치뉴스에는 다양한 형식이 있다. 신문의 정치기사는 보통 스트레이트 단신, 분석, 해설, 논평 등으로 분류된다. 방송 정치기사는 크게 스트레이트 기사와 리포트 기사로 나눌 수 있다. 스트레이트 기사는 역피라미드 구조에 6하원칙의 틀로 정보를 담는 기사 작성 방식이다. 사안의 핵심을 간결하고 논리적으로 전할 수 있어 모든 분야 기사 중 가장 많이 쓰는 기사 형식이다. 정치부 기자들 역시 스트레이트 기사를 충실하게 작성해야 하며 이를 위해 초년기자 시절부터 많은 훈련을 받는다. 스트레이트는 어느 언론사든지 작성 패턴이 비슷하지만 방송 기사는 길이 제한이 엄격하기에 더 압축해서 쓰도록 훈련받는다. 스트레이트 기사는 다 비슷한 형태를 띠고 있어 정치기사만의 차별성을 찾기는 쉽지 않다.

정치뉴스를 이슈별로 분류하면 크게 3가지로 나눌 수 있다. △ 대통령 이슈, △ 국회·정당 이슈, △ 외교·안보 이슈다. 3가지 이슈 가운데 제일 많이 뉴스가 생산되는 곳은 국회·정당 이슈다. 정치인들의 언행과 정책을 주로 다루는데 주로 국회와 정당에서 취재한다. 정당 대표나 주요 당직자들의 발언과 동정, 정국 흐름 등을 다룬다. 정치인 발언에 주로 초점을 맞춰 '받아쓰기' 위주로 핵심을 전하고 그 의미와 배경, 파장 등을 분석하는 구성이 대부분이다. 소위 실력 있는 정치부 기자는 발언의 맥락과 깊은 내부정보를 취재해 특종을 하거나 기사를 차별화한다. 대통령

이슈와 외교·안보 이슈도 중요하지만 절대 기사량에서는 국회·정당보다 적다. 때에 따라 순위가 달라지기도 하는데 뉴스는 늘 가변적이기 때문이디.

■ 리포트

방송사의 뉴스는 스트레이트 외에 리포트라는 독특한 뉴스 전달 방식이 있다. 이슈가 발생하면 기자들은 일단 스트레이트를 쓰고 중요한 사안이라고 판단되면 데스크의 지시에 따라 리포트를 제작한다. 리포트는 방송뉴스의 가장 대표적 형태로 스트레이트보다 훨씬 직관적이고 입체적으로 메시지를 전달한다. 스트레이트 기사는 텍스트로만 이뤄지기에 정치현장에 벌어지는 다양한 현상과 의미를 입체적으로 전달하는 데 한계가 있다. 그래서 방송사 메인뉴스는 대부분이 리포트로 채워진다.

리포트에는 기사와 영상, 기자 오디오, 사운드바이트(sound-bite), 이펙트, CG 등 다양한 요소가 투입되기에 하나의 종합예술로 비유되기도 한다. 정치인의 말과 행동 위주로 펼쳐지는 정치는 방송뉴스를 통해 생생한 육성과 현장의 모습을 리얼하게 시청자에게 전달할 수 있다. 그래서 신문기사에 비해 훨씬 파급력이 크다. 잘 만든 방송뉴스는 시민들의 정치 관심도를 높이고 이는 적극적인 현실정치 참여로 이어진다. 상대적으로 신문기사보다 심층적 분석이나 해설을 담기엔 부족한 면이 있지만 방송 리포트 뉴스가 갖는 강점은 분명하게 차별화된다.

방송 리포트에서 시간은 매우 중요한 요소이다. 하나의 리포트가 시작해서 끝날 때까지의 시간을 말하는데 리포트가 길수록 담긴 정보량이 많고 심층성이 있다고 할 수 있다. 국내 7개 방송사(KBS, MBC, SBS, JTBC, MBN, TV조선, 채널A)의 메인뉴스 리포트 길이를 외국 주요 방송사(미국 NBC, 영국 BBC)와 비교 조사한 연구에 의하면 국내 방송사의 리포트 시간은 평균 88.93초로 조사되었다(박재영·이나영·이완수, 2022). 이는 미국 NBC의 95.85초, 영국 BBC의 153.61초에 비해 짧은 편이다. 시간이 짧은 리포트에는 정보들을 충실하게 담기 어려운데 한국방송사의 리포트는 정치, 사회, 경제 등 모든 분야의 리포트가 길이가 짧은 편이다. 물론 특정 사안에 대해서는 상당한 시간을 공들여 리포트하는데 그런 경우는 흔치 않다. 정치뉴스 역시 마찬가지로 대부분의 리포트가 90초에서 100초 사이다. 특정한 이슈에 대해 심층보도를 할 때만 100초 이상의 리포트를 제작하는 것이 일반적이다.

국가별 방송사 리포트의 시간(단위: 초)

	리포트 사례수	평균	최단	최장
한국방송사	457	88.93	44	280
미국 NBC	62	95.85	45	180
영국 BBC	31	153.61	95	235

(박재영·이나영·이완수, 『텔레비전 뉴스의 품질』, 2022)

리포트 길이가 짧으면 뉴스의 정보량이 적고 심층성이 부족하다는 것이 다수 언론학자들의 의견이다(박재영 외, 2020). 시간이 짧을수록 정보 전달량에 제한이 있어 주제의 내용과 맥락을 충실히 전하기 어렵다는 것이다. 이 같은 지적에 현장에서 일하는 방송기자들의 의견은 좀 다르다. 방송사 메인뉴스 시간은 보통 50분 안팎인데 이 제한된 시간 내에 2분 이상의 긴 리포트를 방영하면 전체 리포트 꼭지 수가 줄어들 수밖에 없다. 그러면 시청자에게 다양한 정보를 전할 수 없다. 몇몇 중요 리포트만 심층으로 전달할 뿐 다른 뉴스들은 소외되어 버리는 것이다.

현실적인 대안은 각각 리포트 시간을 골고루 줄여 전체 리포트 수를 늘리되 리포트를 효율적으로 만드는 것이 최선이다. 간결하면서도 충실하게 정보를 압축해 전달하는 역량을 키우면 된다는 것이다. 이는 결국 기자 개개인의 능력 문제로 귀결된다. 필자의 경험으로 볼 때 같은 시간의 리포트 분량에도 아주 효율적으로 기사를 구성해 의미를 충실하게 전하는 기자가 있는가 하면, 그렇지 못한 기자들도 있다.

결론적으로 리포트를 길게 만드는 것이 항상 바람직하지는 않다. 길게 리포트한다고 반드시 좋은 뉴스라고 말할 수 없고 결국 뉴스밸류에 따라 적정한 길이로 하면 된다. 정치뉴스의 경우 정치인들의 사운드바이트나 인터뷰를 넣어야 할 때가 많아 리포트 길이를 줄이기 쉽지 않다. 정치 현상 대부분이 앞뒤 맥락을 설명해야 이해되기에 어느 정도 길이는 필수적이다. 어느 경우든 뉴스의 품질이 가장 중요하기에 기자 개개인의 역량을 키우는 것이 우선이다.

■ 단편적 관점의 뉴스 제작이 많다

우리나라 방송 정치리포트는 대부분 단일 주제로 구성된다. 예를 들어 대통령이 금융 이슈에 대한 정책 발표나 지시를 하면 그 내용 위주로만 리포트를 한다. 통상적으로 큰 국가 이슈나 정책은 하루 이틀 사이 만들어지는 게 아니고 많은 토론과 숙의 과정을 거친다. 중요한 이슈일수록 정치권과 관련 분야 인사들이 짧게는 수주일 길게는 수개월 이상 논의한다. 이해 관계자들도 많고 첨예한 쟁점들이 포함된 사안인데 충분한 맥락 설명 없이 대통령 발언이나 발표 위주로 전하면 사안의 본질을 제대로 설명할 수 없다.

〈예시〉 정치리포트(KBS 뉴스9, 2024)

[앵커]
주식시장에서 당국의 공매도 금지에 대한 논란이 계속되고 있는데 오늘 윤석열 대통령이 개인 투자자에게 큰 피해가 갈 수 있다면서, 근본 대책이 나올 때까지는 공매도 금지는 불가피하다고 밝혔습니다.

윤 대통령은 또 '신도시 특별법'을 올해 안에 처리해 달라고 국회에 요청했습니다.

○○○ 기자입니다.

[리포트]

윤석열 대통령은 공매도 한시 금지에 따른 우려를 안다고 밝혔습니다.

우리 증시의 선진지수 편입이 어려워지는 것 아니냐는 건데, 그럼에도 불법 공매도로 개인 투자자가 손해 보는 구조는 바꿔야 한다고 했습니다.

우리 주식 시장을, 개인이 불리한, '기울어진 운동장'으로 표현하며 대책 마련을 지시했습니다.

[윤석열 대통령: "근본적인 개선 방안이 만들어질 때까지 공매도를 금지할 것입니다. 이것이 장기적으로 우리 증권시장 경쟁력에 긍정적인 영향을 주는 길이라고…."]

지난달까지도 공매도 규제에 부정적이었던 정부가, 공매도 완전 전산화나 실시간 감시 체계를 만들어야 하는 상황.

대통령실 관계자는, 공매도 금지 기간이 '내년 6월 말까지'에서 연장될 수 있다는 건 아니라고 설명했습니다.

이 같은 공매도 대책을 포함해, 윤 대통령은 현장의 목소리를 들어, 정책을 추진하라고 강조했습니다.

[윤석열 대통령(지난 7일): "'한재'라고 쓰여 있는 것으로 좀 사라, 청도 미

한국방송 정치보도 VS 미국방송 정치보도

나리로…"]

국회에도 '민생 관련 법안'의 신속한 처리를 요청했습니다.

특히 1기 신도시 등 노후 계획도시 재정비 특별법의 연내 처리를 국회에 요청했습니다.

[윤석열 대통령: "지금도 30년 전에 머물러 있는 노후 도시를 미래 도시로 전환하기 위해서는, 기존의 법체계만으로는 한계가 있습니다."]

'지역상권법'과 '공정채용법'도 처리에 속도를 내 달라고 했습니다.

윤 대통령은 내일(15일)부터 미국에서 열리는 APEC 정상회의 참석과 다음 주엔 영국 국빈 방문, 이어 프랑스도 방문길에 오릅니다.

이런 외교 일정 또한, 민생 경제를 위한 것이라고 윤 대통령은 밝혔습니다.

KBS 뉴스 ○○○입니다.

　　이 리포트는 공매도 금지 이슈에 대한 대통령의 입장을 일방적으로 전하고 있다. 공매도 이슈는 국내 주식시장뿐 아니라 글로벌 증시에도 큰 영향을 미치는 중요 이슈로 다양한 이해관계들이 얽혀 있다. 상당기간 논의가 진행돼 왔고 찬반 논란도 뜨거운데 사안의 맥락이나 이해관계에 관한 설명은 거의 없고 대통령 지시 워딩으로만 리포트가 구성되어 있다. 이 같은 리포트 구성 방식은 언론학자들 사이에 많이 지적되어 왔지만 특별하게 개선되지는 않고 있는 실정이다(박재영 외, 2022).

방송기자들 입장에선 타 부서와 협업에 익숙지 않은 뉴스룸 풍토를 주원인으로 지적한다. 또 현실적으로 단일 주제 구성 방식이 리포트 제작에 용이하다는 점을 꼽는다. 바쁜 시간 압박 속에 가장 신속하게 만들 수 있기 때문이다. 시청률 면에서도 길게 만든 리포트보다는 단일 주제 구성의 짧은 리포트가 시청률에 유리하다는 지적도 있다. 우리나라 시청자들이 긴 기사를 집중해 보기보다는 제목이나 앵커 멘트 위주로 리포트를 이해하는 경향이 높기 때문이다.

> (BOX) **방송기자 조직문화와 순혈주의**
>
> 한국의 방송기자를 분류하는 기준은 몇 가지가 있지만 '지상파 기자'와 '비지상파 기자'로 나누는 것이 일반적이다. KBS, MBC, SBS로 대표되는 지상파 방송은 전파라는 희소(稀少) 공공재를 사용하기에 타 방송들보다 많은 공적 규제를 받는다. YTN 같은 뉴스 전문 채널이나 TV조선, 채널A 같은 종편보다 규모도 크고 역사도 길다. KBS는 1947년, MBC는 1961년, SBS는 1991년 공식출범했다. 기자 수도 타 방송들보다 많아 KBS는 대략 300명, MBC는 220명, SBS는 200명 정도 규모다. 이 같은 지상파의 특성은 타 언론과는 구별되는 고유의 조직문화를 형성하고 있다. 지상파 3사를 중심으로 방송기자들의 조직문화를 살펴보고자 한다.
>
> 이재경(2013)은 우리나라 방송기자 조직문화의 특징으로 공채기수 중심의 관료적 순혈주의 문화를 꼽고 있다. 채용공고 → 서류전형 → 필기시험 → 실무테스트 → 최고경영자 면접으로 이어지는 엄격한 공채 과정은 선발된 기자들의 자부

심을 높여 준다. 공채기수 선후배 사이에는 엄격한 위계질서가 형성되고 이는 자연히 순혈주의로 이어진다. 순혈주의는 기자들의 자부심을 높이고 회사가 위기에 처할 때는 단결된 힘을 과시하는 등 긍정적 요소도 많지만, '끼리끼리' 문화로 조직의 발전을 저해하는 집단 이기주의로 변질되기도 한다.

가장 많은 방송기자를 보유하고 있는 KBS는 타 방송사보다 공채 순혈주의 문화가 강한 곳이라 할 수 있다. KBS는 1980년 전두환 정권의 언론통폐합 조치로 TBC나 동아방송 등 타 언론사 출신 기자들이 많이 들어오면서 출신별로 갈등과 알력이 생기기 시작했다. 이후 기자공채가 본격 시행되면서 점차 이들을 중심으로 이른바 KBS 공채 순혈주의 문화가 형성되기 시작했다. 특히 공채면서 본사(서울) 근무자 출신을 중심으로 순혈주의가 강했다.[7] 이들 중 일부는 스스로를 '성골'이라며 서로 밀어주고 당겨 주는 관행을 형성했다. 주요 보직을 독점하거나 정치부 인사, 특파원 선발 등에 영향력을 행사하기도 했다. 간부들은 인사철이 되면 자신의 계보에 있는 기자들을 청와대나 여당 같은 주요 출입처에 배정하려 노력하기도 했다.

KBS의 이런 순혈주의 문화는 1990년대 SBS와 YTN의 출범, 그리고 2011년 종편이 등장하면서 점차 변화가 생겼다. 순혈주의에 소외된 KBS 기자들이 타사로 이직했고, 그 이직자들을 채우기 위해 타사 경력직 채용이 늘면서 구성원들이 점차 다양해진 것이다. 특히 정연주 KBS 사장 재임 시기 경력기자를 많이 채용해 정 사장 재임 시기(2006~2009년) 동안 공채기자와 경력기자 채용 비율은 68명 대 48명에 이르렀다. 그러나 경력기자 채용이 순기능만 있는 것은 아니어서 어디 출신이냐를 둘러싼 KBS 사내 갈등은 여전히 진행형이다. 여기에다 정권 교체기마다 반복되는 사장 교체와 이로 인한 기자사회 분열은 KBS 조직문화의 큰 문제로 자리하고 있다.

---

7) KBS는 본사(서울) 근무기자와 지역총국 근무기자를 구분해 공채기자를 선발한다. 본사 근무 공채기자들은 2년간 지방총국에서 근무한 후 서울로 복귀한다. 같은 KBS 공채기자라도 본사냐, 지역총국이냐의 구분이 존재한다. 이에 반해 MBC는 각 지역사별로 공채기자를 따로 뽑기에 KBS 같은 통합공채는 존재하지 않는다.

MBC도 기자들의 순혈주의가 강한 곳이다. 1963년부터 공채기자를 뽑아 공채 역사가 60년에 달한다. 1980년 언론통폐합 때 KBS에 타사 출신기자들이 많이 유입된 데 반해 MBC는 상대적으로 타사 출신 유입이 적었다. 공채기자들이 절 대 다수인 데다 오랜 위계질서 전통과 순혈주의 문화가 결합하면서 기자 엘리 트 의식이 형성됐다. 이로 인해 타 직종이나 타사 출신들과 잘 화합하지 않는 조 직문화가 생겼다. 보이지 않는 장벽을 만들고 공채기자 위주로 주요 보직을 독 점하는 관행이 이어지기도 했다. 그러나 2000년대 들어 다양성 확대를 위해 경 력기자 채용을 점차 늘리기 시작했고 실력 있는 신문기자 출신들이 꽤 영입되 기도 했다.

어느 언론사보다 자부심과 유대의식이 강했던 MBC는 2000년대 들어 정권 교체 기마다 벌어지는 내부 분열로 큰 상처를 입었다. 사장이 바뀔 때마다 조직에 회 오리가 불면서 기자사회의 유대가 깨진 것이다. 특히 2012년 언론노조의 170일 장기파업 중 진행된 '시용기자' 외부 수혈은 내부 갈등을 극대화했다. 이후에도 정권 교체 때마다 반복되어 온 징계와 보복 인사의 악순환은 기자들을 갈수록 파편화시켰다. 공영방송의 정치적 종속을 근본적으로 해결하지 않는 한 해결하 기 어려운 구조적 문제로 자리 잡은 것이다.

1991년 개국한 SBS는 여러 언론사 출신 경력기자들을 모아 보도국을 출범시켰 기에 처음부터 다양성이 강했다. 출신 언론사별 갈등이 있었지만 초창기 멤버 들은 거의 다 퇴사했고 1991년 신입공채 1기를 시작으로 30년 이상 공채 선발이 이어져 지금은 공채기자들이 주류를 이루고 있다. 초기 몇 해는 신입공채만 뽑 았지만 이후에는 신입공채와 경력공채를 병행해 KBS나 MBC보다는 상대적으 로 '순혈주의'가 덜하다고 할 수 있다.

2

미국방송 정치뉴스,
무얼 살펴봐야 하나?

미국은 세계에서 방송사가 가장 많은 나라다. NBC, ABC, CBS 등 거대 메이저 지상파 방송사에다 CNN, FOX NEWS 등 대형 케이블사가 다수 존재한다. 전국 각지에 산재한 소규모 방송사들까지 합치면 대략 만 개 가까이 활동 중인 것으로 집계된다. 방송사가 많은 만큼 당연히 방송기자들의 숫자도 많고 그만큼 다양한 방송뉴스가 쏟아진다. 방송사들이 생산하는 정치뉴스 역시 방대하고 다양하다.

필자의 워싱턴 특파원 재임 시 백악관 앞에서 리포트 장면
(MBC 뉴스데스크 캡처)

필자의 경우 2010년부터 3년간 MBC 워싱턴 특파원으로 근무하면서 미국방송사 기자들의 정치현장 취재 모습을 지켜볼 기회가 있었다. 신선한 장면 중 하나는 나이 지긋한 시니어 기자들의 활발한 취재 모습이었다. 백악관이나 의사당에서 50, 60대의 원숙한 방송기자들이 카메라 앞에서 활기차게 리포팅하는 모습이 보기 좋았다. 대화를 나눌 기회도 종종 있었는데 이들의 노동강도가 생각보다 세다는 것을 알았다. 당연히 출입처가 있지만 기자실에 머무르는 시간은 길지 않다고 했다. 출입처에

한국방송 정치보도 VS 미국방송 정치보도

서 그날 주요 이슈 취재가 끝나면 대개 외부로 나가 관련자들이나 관련 현장을 찾아다니며 보강취재를 한다고 했다. 몸은 바쁘지만 움직인 만큼 좋은 기사를 쓰니 당연하다고 말했다. 하루 대부분을 기자실이나 출입처 공간에 머물던 나의 경험에 비출 때 매우 비교되는 말이었다.

둘째로 방송뉴스 정치기사의 패턴이 매우 다양하다는 점이다. 단일 주제의 단발형 리포트보다는 이슈 중심의 리포트가 많아 경제부, 사회부 등 관련 부서 기자들과 수시로 소통하는 모습이 인상적이었다. 우리처럼 부서 간 장벽이 높지 않고 기자들의 협업이 일상화되고 있음을 볼 수 있었다. 또 하나의 리포트에 완제품 부분과 현장 생중계 연결 부분이 복합 구성되는 경우가 많았다. 기술적으로 복잡하고 기자의 품도 많이 들어가지만 단일 완제품 리포트보다 전달력이 높고 현장감도 생생해 메이저 방송사들이 일상적으로 사용하고 있다.

1) 미국의 대표적 방송뉴스

미국 3대 메이저 지상파 방송사는 NBC, CBS, ABC이다. 이들은 한국 방송사와 마찬가지로 각각의 간판 뉴스 프로그램을 갖고 있다. NBC는 〈나이틀리 뉴스(Nightly News)〉, CBS는 〈이브닝 뉴스(Evening News)〉, ABC는 〈월드 뉴스 투나잇(World News Tonight)〉이다. NBC 나이틀리 뉴스는 1970년부터, CBS 이브닝 뉴스는 1948년부터, ABC 월드 뉴스 투나잇은 1967년부터 방송되고 있다.

CBS 이브닝 뉴스는 1962년부터 1981년까지 월터 크롱카이트가 앵커를 맡으면서 18년 동안 메인뉴스 시청률 경쟁에서 부동의 1위를 차지했다. 객관적이고 공정한 뉴스라는 평가를 받으며 CBS 보도 프로그램의 간판으로 자리 잡고 있다. 1981년 댄 래더(Dan Rather)로 앵커가 교체된 이후 시청률이 하락하기 시작해 1989년부터는 정상의 자리를 ABC에 넘겨주었다.

ABC 월드 뉴스 투나잇은 1969년 피터 제닝스를 기용하면서 시청률이 올라가기 시작했다. 이후 피터 제닝스를 주축으로 바버라 월터스, 테드 코펠 등 명앵커를 집중 투입하면서 시청률에서 CBS를 추월하기도 했다. NBC 나이틀리 뉴스는 1970년부터 방영된 저녁뉴스 프로그램으로 현재 미국에서 가장 많은 시청자 수를 보유하고 있다. 1997년 톰 브로코가 앵커를 맡던 시절에 선두를 굳혔다. 브로크는 2004년 앵커에서 자진 하차

했지만 나이틀리 뉴스는 이후에도 선두경쟁에서 밀리지 않고 있다.

미국방송사 기자들은 메인뉴스 시청률을 높이기 위해 사활을 걸고 경쟁한다. 90년대 들어 뉴스전문 채널 CNN이 뉴스시장의 새로운 강자로 등장했고 2000년대부터는 FOX NEWS가 보수층 사이에서 절대적으로 영향력을 행사하고 있다. 지상파끼리의 경쟁에 더해 뉴스 전문 채널과의 경쟁까지 가세해 미국의 뉴스 시장은 하루도 평화로운 날이 없는 상황이다. 미국방송사의 메인뉴스 시청률은 2024년 기준으로 다음과 같다.

△ NBC 뉴스: 약 8.5%

△ CBS 뉴스: 약 7.8%

△ ABC 뉴스: 약 7.2%

△ FOX 뉴스: 약 6.9%

(조사기관: 닐슨 미디어 리서치(Nielsen Media Research))

2) 방송사 정치부 기자들은 어떻게 취재하나?

전 세계적으로 방송사 기자들은 다 바쁘고 업무 스트레스가 많다. 정치부 기자들은 특히 스트레스 강도가 높은 집단이다. 워싱턴 특파원 재임 중 만난 미국방송사 정치부 기자들은 하나같이 열정적이고 부지런한 모습으로 보였다. 늘 시간에 쫓길 뿐 아니라 수시로 생방송 중압감에 긴장의 끈을 놓지 못하는 모습은 한국방송 기자들과 다를 바 없었다. 선진적 근무 시스템을 구축했겠지만 기자들의 스트레스는 어디나 다를 바 없다는 느낌을 받았다.

하지만 미국 언론 취재시스템은 우리와 비교할 때 주목할 점이 몇 가지 있다. 먼저 출입처 시스템이다. 한국의 경우 출입처 기자는 특정 부처나 기관을 고정적으로 맡는데 미국에서의 출입처 기자는 특정 부처에 매이지 않고 담당분야를 전문적으로 커버하는 기자를 의미한다. 출입처를 미국에서는 통상 비트(Beat)라고 한다. 방송사에서 비트 리포터는 특정 분야를 취재영역(Regular Round)으로 하는 기자를 의미한다. 국방, 환경, 복지, 교육 같은 식이다. 우리나라의 국방부, 환경부, 교육부, 복지부 출입기자와 비슷한 것 같지만 출입처 공간에 머물지 않고 담당 분야와 관련된 이슈와 사람, 현장을 두루두루 취재해야 한다. 우리처럼 종일 기자실에 머무는 경우는 거의 없다.

그다음으로 'Correspondent' 개념이 있다. 이는 분야가 아니라 특정 장소에 배치돼 취재와 방송을 하는 기자다. 해외 특파원이나 백악관 출입 기자처럼 사실상 출입처에 머물며 취재해야 하는 경우 'Correspondent' 라고 부른다. 정치부 기자들의 주요 출입처는 백악관, 상하원, 국무부, 국방부를 꼽을 수 있다. 예를 들어 국방부 출입기자는 통상 'Pentagon Correspondent'라고 부른다.

FOX NEWS의 백악관 출입기자 피터 두치의 생방송 장면
(FOX NEWS 홈페이지)

'General Assignment Reporter'로 호칭되는 기자들도 있다. 우리의 사회부 사건취재팀, 경찰라인 취재기자와 유사한 개념인데 어떤 주제든 지시에 따라 뉴스를 만든다. 지시가 없을 땐 담당구역을 돌며 스스로 취재거리를 찾아 기사를 쓴다. 통상 연차가 낮은 기자들이 배치되지만, 경우에 따라선 고참이 하기도 한다. 특정 전문분야를 담당하는 것이 아니기에 가능한 두루두루 많이 돌아다니며 경험을 쌓을 필요가 있다.

■ 백악관 출입기자

백악관 출입기자는 2024년 등록기준으로 700~800명 정도이다. 백악관 기자단에 가입하려면 방송, 통신, 신문, 인터넷매체 등에 고용된 정규직 기자로서 백악관 관련 기사를 정기적으로 송고해야 하며 백악관 출입기자증을 발급받아야 한다(국기연, 2018). 출입증이 없는 기자도 일정한 요건을 충족하면 하루짜리 출입 권한을 부여해 브리핑에 참석할 수 있다. 한국 특파원을 비롯한 각국 특파원들 대다수가 이 같은 방식으로 백악관 브리핑에 참석한다.

메이저 언론사들은 통상 여러 명의 기자를 백악관에 등록해 놓고 대통령과 연계된 다양한 이슈들을 내·외곽에서 취재한다. 대표적 지상파인 NBC의 경우 백악관 출입기자로 5명이 등록돼 있다. 바이든 대통령 취임에 맞춰 NBC가 2021년 1월 8일 발표한 백악관 담당기자 명단을 보면 크리스틴 웰커(Christine Welker)와 피터 알렉산더(Peter Alexander)가 선임 출입기자(Chief White House Correspondent)로 명시돼 있다. 그 외 모니카 알바(Monica Alba) 등 3명이 출입기자로 올라 있고 이들 백악관 전담기자 이외에 두 명의 기자가 백악관과 연계된 이슈를 함께 취재한다. 그리고 보도국 조직과는 별도로 디지털 부문에서 2명의 기자가 백악관 이슈를 담당하고 있다. 이들은 대면취재보다는 디지털면 기사 작성과 편집에 주력한다(Max Tani, 2022).

백악관 기자실 운영은 '백악관 출입기자단(WHCA, White House Correspondent's Association)'이 주도한다. 백악관 출입증이 있는 기자들이 직선으로 9명의 이사를 선임하고 이들이 2년 동안 기자단 운영을 책임진다. 또 이들 가운데 한 명을 백악관 출입기자단 대표(President of White House Correspondent's Association)로 선출한다. 한국의 청와대 출입 기자단 간사와 같은 역할을 한다. 2022년 기준 백악관 출입기자단 대표는 NBC의 켈리 오도넬 기자이다(NBC.com, 2022).

백악관 출입기자단이 최초로 구성된 것은 1914년으로, 당시 기자단 설립 목적은 의회 기자단과의 알력에서 비롯됐다. 의회 기자들이 임의대로 백악관 취재를 하는 것을 견제하기 위해 기자단을 구성한 것이다. 방송사 카메라가 백악관에 들어간 것은 1950년대이다. 1961년 취임한 존 케네디 대통령 이후 역대 대통령들이 수시로 방송사 카메라 앞에서 기자회견을 열었고 이를 정치적 수단으로 십분 활용했다. 이 시기를 기점으로 백악관 출입기자들의 위상이 크게 높아지기 시작했다. ABC·CBS·CNN·FOX NEWS·NBC 등 메이저 방송사의 백악관 출입기자들은 풀취재단(공동취재단)을 구성해 교대로 대통령 취재를 담당한다.

비좁은 백악관 기자실

백악관 기자실은 백악관 서쪽에 위치한 웨스트윙(west wing) 구역에 있다. 원래 백악관에는 기자실 공간이 별도로 없었으나 테오도어 루스벨트 대통령(재임 1901~1909년)이 기자들이 백악관 밖에서 비를 맞으며 '뻗치기'하던 모습을 보고 안타깝게 여겨('taking pity') 공간 마련을 지시했다고 전해진다(Tani, 2022). 어렵사리 마련된 공간이지만 공간이 비좁아 좌석이 49개밖에 없다. 맨 앞자리에는 유력언론사 기자들(AP통신, ABC, NBC, CNN, FOX NEWS 등)이 앉는 것이 관례고 바로 뒷자리에는 『뉴욕타임스』, 『워싱턴포스트』, 『월스트리트저널』 등 유력 신문사 기자들이 차지한다. 매체 영향력이 떨어지는 언론사나 외국 기자들은 브리핑룸 의자에 앉지 못하고 회견장 좌석 옆 통로나 뒤편에 서 있게 된다. 이런 경우 대통령 질문 기회를 얻는 것은 쉽지 않다(국기연, 2018).

한국 특파원이 백악관 브리핑룸에 입장하기 위해서는 다소 복잡한 절차가 필요하다. 의회처럼 출입신청만 하면 2주일 이내에 출입증을 내주는 시스템이 아니기 때문이다. 출입을 하려면 백악관 국가안보실(NSC) 공보담당자에게 자신의 소속매체와 생년월일, 주소, 사회보장번호, 여권번호 등 인적사항을 브리핑 참석일 하루 전에 보내야 한다. 1회 출입은 이 정도 절차를 밟으면 되지만 상시출입증 받는 것은 좀 까다롭다.

백악관은 특정 기자가 얼마나 브리핑에 참석하는지 빈도를 판단해서 상시 출입증 발급 여부를 결정한다. 고작 1~2명 정도의 특파원을 파견해 놓고 있는 한국 언론 입장에서 백악관에 자주 취재 갈 수 없는 형편이기에 상시 출입증을 따내는 것은 현실적으로 어렵다. 한국 관련 이슈가 백악관 브리핑에서 다뤄지는 날이 많지 않은 상황에서 굳이 바쁜 일정을 쪼개 참석할 필요가 없는 것이다. 무엇보다 백악관 브리핑 내용을 단어 하나까지 세세히 제공하는 전문(Full Text) 서비스가 있기에 취재에는 별 지장이 없다. 워싱턴 부임 초기 의욕이 넘쳐 백악관 브리핑에 열심히 참석했던 일

한국방송 정치보도 VS 미국방송 정치보도

부 특파원도 점차 번거로운 절차에 지쳐 중단하는 경우가 대부분이다.

백악관 브리핑룸은 사실상 지정석이어서 한국 특파원처럼 고정적 출입기자가 아닌 사람은 선 채로 1시간 가까이 진행되는 브리핑을 들어야 한다. 대변인의 포디엄(podium)을 기준으로 앞에서 세 번째 줄까지는 통신, 방송, 주요 일간지 기자들이 포진해 있다. 대변인은 그들을 '퍼스트 네임'으로 부른다. 잭, 밥, 수전… 이런 식이다. 세 번째 줄 뒤부터는 대체로 남자 기자에게는 '써(Sir)', 여기자에게는 '맴(Ma'am)'이라는 호칭이 붙는다. 매체의 기득권과 영향력, 대변인과의 친소관계가 고스란히 반영된 결과다(고승일, 2013).

오후 2~4시 사이 진행되는 백악관 브리핑에서는 주요 매체의 기자들이 질문을 독과점하는 모습을 자주 볼 수 있다. 이를테면 CNN 기자가 어떤 사안에 관해 물은 뒤 추가 질문을 던지면서 대변인과 논박을 벌이는 경우가 잦다. 마치 싸움을 벌일 기세로 양쪽이 으르렁대면 다른 기자들이 감히 비집고 들어가지 못한다.

미국 대통령이 해외 순방할 때는 백악관 출입기자들도 동행 취재한다. 일주일 정도의 해외 순방 취재에 3만 달러를 웃도는 경비를 내야 한다. 백악관은 매체의 제한 없이 참가 신청서를 각 출입 언론사들에 보내는데 결정은 각 언론사의 몫이다. 기자단이 대통령 전용기인 '에어포스원'에 동승하는 경우는 흔치 않고 대부분 별도의 전세기를 이용해 움직인다. 대통령에 따라 동행 기사들과 적극적으로 접촉하기도 한다. 오바마 대통

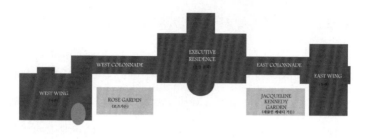

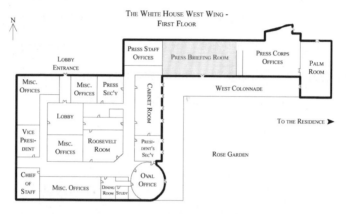

백악관 웨스트윙과 브리핑룸(briefing room)
(TCY at English Wikipedia)

령의 경우 기착지마다 미국 TV방송의 대면 인터뷰에 적극적으로 응한 적
이 많다. 때로는 순방 현지에 마련된 임시기자실에 들러서 깜짝 인터뷰
를 한 적도 있었다(고승일, 2013).

내부보다 외부 취재 활발

기자를 위한 공간이 작다 보니 거의 모든 백악관 출입기자들은 브리핑

타임을 제외하고는 주로 외부에서 취재한다. 한국 대통령실 출입기자들이 거의 종일 기자실에 머무는 것과 대조된다. 외곽에 있는 시간이 많다 보니 자연적으로 외부 취재원들과 접촉이 많아지고 이것이 기사에 다양하게 반영된다. 『워싱턴포스트』의 경우 총 7명이 백악관 출입기자로 등록돼 있다. 이들 중 한 명인 김승민(Seungmin Kim) 기자는 언론 인터뷰에서 자신의 일과를 다음과 같이 설명했다(오종수, 2022).

> "(워싱턴포스트의) 백악관 팀에서 7명이 함께 일해요. 각자 전문 분야가 있습니다. 저는 '백악관과 의회의 관계'를 맡고 있어요. 간단히 말해, 저의 하루는 조 바이든 행정부가 추진하는 의제, 이것들이 의회와의 관계 속에서 실현되거나 혹은 좌절되는 과정을 취재하는 겁니다. 예를 들어, 장관들을 비롯한 주요 직책 인준, 그리고 경기 부양책 같은 게 최근에 있었죠. 그래서 백악관과 의사당 사이를 오가느라 쉴 틈 없이 지냅니다. 제 시간표는 백악관과 의회 일정에 달려 있어요. 지금도 이메일이나 전화가 오면, 바로 기사 쓸 준비를 해야 합니다."

백악관 기자회견장(Briefing room)
(POLITICO)

백악관 출입기자들은 대통령을 자주 만난다

거의 모든 미국 대통령이 기자와의 접촉을 일상화한다. 바이든 대통령은 취임 첫해인 2021년 공식 기자회견(press conference)을 9번 했다. 언론과 불화가 심했던 전임 트럼프 대통령의 경우 취임 첫해 22회 언론을 만났다. 버락 오바마 대통령은 27회에 달한다. 우리나라 대통령들에 비해 월등히 많다. 미국 대통령의 기자회견은 사전각본 없이 진행된다. 기자들의 질문 역시 사전에 조율되지 않는다. 기자들이 사전에 질문을 백악관 측에 제출하거나 기자들의 질문 순서를 사전에 정하는 경우도 없다. 예상외의 질문도 자주 등장하기에 대통령은 평소 주요 국정 현안에 대해 충분히 숙지하고 있어야 한다(Kumar, 2003). 주목할 만한 차이점은 미국 대통령은 주로 서서 기자의 질문을 받는다는 점이다(국기연, 2018). 한국 대통령들은 대부분 책상을 놓고 의자에 앉아서 기자회견을 진행한다.

공식 기자회견 외에 도어스테핑(door stepping) 같은 비공식 질의응답(informal Q&A)도 많다. 바이든의 경우 취임 첫해에만 216회의 비공식 질의응답을 했다. 백악관 웨스트윙 앞 로즈가든은 도어스테핑 장소로 자주 활용되는 곳이다. 대통령의 헬기 탑승장인 사우스론(south lawn)에서도 자주 열린다. 대통령이 헬기를 타기 직전 혹은 헬기에서 내린 직후 미리 대기하던 기자들과 질의응답을 갖는다. 미 대통령은 헬기 이동이 잦기에 기자들에겐 필수적인 취재 코스라 할 수 있다.

도어스테핑은 모든 출입기자에게 열려 있고 아무 질문이나 할 수 있지

한국방송 정치보도 VS 미국방송 정치보도

만 대통령에 따라 질적, 양적으로 큰 차이가 있다. 곤란한 질문엔 답을 하지 않고 곧장 헬기에 오르는 경우가 많다. 바이든 대통령의 경우 민감한 내용의 후속질문(follow-up question)에는 답을 하지 않을 때가 많아 알맹이가 없다는 지적을 받기도 한다(김필규, 2022.8.23.).

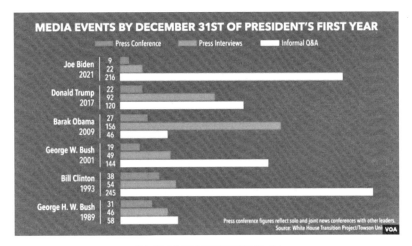

미국 대통령 취임 첫해 언론 접촉 횟수
(Towson University, 「White House Transition Project」)

공식 기자회견(press conference)이나 비공식 질의응답(informal Q&A) 외에 개별 언론사와의 단독회견(press interview)도 일상적이다. 전체 회수를 합하면 한국 대통령과 비교하기 힘들 정도로 언론 접촉이 많다('미국 대통령 취임 첫해 언론 접촉 횟수' 그림 참조). 바이든 대통령은 첫해 통산 247회의 언론 접촉을 했지만 전직 대통령들에 비해 소통이 부족하다는 비판을 받고 있다(Towson University, 2022).

기자들과 가장 친화적인 대통령은 오바마다. 재임 8년간(2008~2014년) 기자들을 만나는 것을 두려워하지 않았고 날카로운 질문에도 거침없이 대답했다. 불편한 질문에도 성심껏 응대했고 기자회견을 자청하는 경우도 많았다. 기자들과의 토론 배틀을 즐기기도 했다. 오바마는 "기자는 질문을 두려워하지 않는 사람"이라는 말을 종종 하곤 했다. 백악관 참모들도 이 같은 오바마 스타일에 맞춰 역대 어느 정권보다 기자들과의 접촉을 활발히 했기에 모범적인 '미디어 프렌들리' 정부라 할 수 있겠다.

■ 의회 및 정당 취재

미국 의회는 캐피털힐(capitol hill)이라 불리는 워싱턴 중심부의 언덕 위에 자리 잡고 있다. 상원(Senate)과 하원(House of Represent) 건물이 웅장하게 서 있다. 상하 양원은 백악관 못지않게 중요한 출입처로 매일 엄청난 기사가 생산된다. 정치부에서 가장 많은 인력이 투입된다. 상원과 하원은 각각 기자들을 위한 공간, 즉 미디어 센터(media center)를 운용하고 있다. 상원 출입기자들을 위한 공간은 'Senate Press Gallery'라 불린다. 여기에 등록된 기자들은 상원의원과 보좌관을 접촉해 취재할 수 있고 기자회견, 상임위와 본회의 등을 취재할 수 있다.

하원 역시 'House Press Gallery'라 불리는 하원 기자실이 있다. 하원의원

총수가 상원보다 훨씬 많고[8] 처리하는 법안 수도 많기에 상대적으로 상원 기자실보다 더 바쁘다고 할 수 있다. 주요 언론사들은 당연히 미국의 주요 방송사들은 상원과 하원에 기자들을 상주시키며 취재경쟁을 벌인다.

미 연방의사당 내 하원기자실(house press galley)
(하원 홈페이지 house.gov)

BOX 미 의회와 정당의 관계

미국은 의원들이 선출한 여야 원내대표가 독립적으로 의회의 입법과 정책을 주도해 간다. 한국처럼 막강한 권력을 가진 당대표가 존재하지 않는다. 행정부 수반인 대통령은 입법부 소속인 여야 원내지도부와 정책을 협의해 간다. 공화·민주 양당은 전국위원회(National Committee, 공화당은 RNC, 민주당은 DNC)라는 느슨한 조직을 운영한다. 평소에는 당에 지원되는 국고보조금과 후원금 등을 관리하고, 선거나 전당대회 즈음에는 공정한 후보경선의 룰과 과정을 관리하는 역할을 수행한다. 우리처럼 지역구 당협(지구당)은 없고 선거 때 한시적으로 자원봉사조직을 운영한다.

---

8) 미 상원은 100명, 하원은 435명이다. 사원은 50개 주에서 각각 2명씩 선출하며 임기는 6년이디. 하원은 각 주의 인구수에 비례해 뽑으며 임기는 2년이다.

한국 특파원들은 상·하원에서 한국 관련 상임위원회 청문회가 열릴 때 의사당 현장에서 취재한다. 필자가 근무할 당시에는 한-미 FTA 협상과 관련해 상원과 하원에서 여러 차례 상임위 논의가 진행되던 시기였다. 한국 기자가 의회에 들어가기 위해서는 의회사무처에서 출입등록을 해야 한다. 상·하원 연결통로 구역에 있는 사무실에서 언론사 정보를 신원서류를 기입한다. 이어 현장에서 바로 의회 사무처 직원의 안내하에 얼굴 사진을 찍으면 통상적으로 2주일 내에 출입증이 나온다.

워싱턴 특파원 근무 시절 필자의 미 상하원 출입증(2012년 4월 발행). 소속사(MBC)와 이름, 출입기간 등이 명시돼 있다.

의회에서 발급받은 출입증 혹은 포토ID(운전면허증 또는 여권처럼 사진이 부착된 신분증)를 제시하고 검색대를 통과하면 청문회장에 입장할 수 있다. 상·하원 의원들과의 대면 인터뷰 약속만 잡히면 가능하다. 특기할 만한 차이점은 한국의 경우 국회 출입기자는 오로지 국회만 커버하는 데 반해 미국 정치부의 상·하원 출입기자는 다른 출입처를 복수 담당하는 경우가 많다는 것이다. 의회를 담당하면서 백악관이나 국무부, 국방부 등을 함께 맡는 식이다. 이는 외교, 안보, 국방 등 연관 이슈에 대한 입체적 취재를 하기 위해서다. 해당 이슈에 대한 깊이 있는 취재가 가능할 뿐 아니라 맥락 있는 기사를 쓰는 데 유리하다.

김승민: 좋은 기사를 쓰려면, 출입처에 매몰되면 안 됩니다. 한 발짝 밖으로 나와서 봐야 해요. 무슨 말이냐 하면, 매일 만나는 당국자를 찾아서 '내가 이러이러한 기사를 쓰려는데, 정보를 좀 달라', 이러면 안 됩니다. 밖으로 나와서, 그들이 교류하는 대상을 직접 찾아가야 해요. (백악관 출입 기자의 경우) 이익집단이나 의회, 그리고 정책 연구 기관 같은 곳들이죠. 거기서 진짜 중요한 기사들이 나옵니다. 당국자들이 직접 하는 말은 유리한 쪽만 공개하게 마련이니까요. 그 상대방을 살펴봐야 합니다. 그러다 보면 특종도 하고, 놓치는 기사도 없게 됩니다.

질문: 출입처에서 주는 것만 받아서 쓰면 좋은 기사가 나올 수 없다는 이야기군요?

김승민: 그렇습니다. 백악관이 무슨 일을 하고 있는지 전체적인 그림을 파악하려면, 밖에서 봐야 해요. '펜실베이니아 애비뉴 1600번지(백악관 주소)' 안에서는 그게 안 보입니다. 외부로 나와서 전략적인 접근을 해야 해요. 이건 저만의 생각이 아닙니다. 훌륭한 백악관 출입 기자 누구한테 물어봐도 이런 답을 얻을 겁니다. 현 정부 말고, 이전 정권에서도 꾸준하게 백악관을 제대로 취재하는 원칙은 한 가지, '밖에서 보라'는 것이었습니다.

미국 출입기자들이 한국의 출입기자들보다 더 많은 자율성을 갖고 있는 것 같습니다. 예컨대, 상원의원이 기자회견장에 들어오려면 기자들의 초대를 받아야만 할 수 있다든지 같은 부분들이요. 상원 의원이 기자회견을 하고 싶다면, 출입 기자들로부터 초대를 받아야만 합니다. 왜냐하면 기자회견장은 기자들에게 질문받기 위한 공간이기 때문이죠. 이 출입증이 일종의 승인을 받았다는 뜻입니다. 의회의 승인이 아니라 별도의 독립된 위원회로부터 승인을 받아요.

출입증이 있다는 건, 기자 김승민이 기자회견장을 포함해 국회 의사당에서 내가 원하는 곳 어디든지 갈 수 있는 자유가 있다는 거죠. 우리는 그 자유를 누리고 있는 것이고요. 백악관은 조금 더 많은 보안 절차들이 있지만 의회와 비슷해요.

(오종수, 『VOA Korea』, 2022.)

■ 국무부 취재

워싱턴 특파원으로서 가장 자주 드나들고 중요도도 높은 출입처는 미 국무부다. 백악관 못지않게 한국 관련 기사가 많이 생산된다. 미국 언론사 기준에서는 국무부보다는 상하 양원의 기사가 훨씬 더 많지만 한국 언론 입장에서는 국무부가 훨씬 중요하다. 국무부는 한반도 관련 외교·안보 정책의 총사령탑이다. 한국과 직접 관련이 있는 국무부 동아시아태평양 담당 차관보, 한국과(韓國課), 6자회담 특별대표 등을 취재해야 한다. 한국 관련 현안이 발생할 경우 특파원들은 가능하면 국무부 브리핑에 직접 참석한다. 대변인을 상대로 직접 질문을 던질 수도 있다. 국무부 브리핑은 전 세계 현안을 다루기 때문에 한국에 관한 언급이 없는 날도 많지만 특별히 바쁜 일정이 아니면 참석하려는 특파원들도 많다.

한-미 정상회담이나 한-미 외교장관 회담 등 양국 간 주요 이슈가 생길 때면 당연히 국무부로 간다. 필자의 경우 북한의 연평도 포사격 도발 직후인 2010년 12월 힐러리 클린턴 미 국무장관, 김성환 한국 외교부 장관, 마에하라 세이지 일본 외상과의 한-미-일 외교 수장회담, 2013년 존 케리 미 국무장관과 윤병세 외교부 장관의 한미 외교장관 회담 등을 국무부 현장에서 취재했다. 회담이 끝나면 장관들은 기자들 앞에서 공동성명을 발표하고 질의응답을 진행한다. 한국 기자들 이상으로 미국 기자들의 활발한 질의 장면이 인상적이었는데 철저히 미국적 시각에서 한-미 관계를 인식하는 모습이 기억에 남았다.

한국방송 정치보도 VS 미국방송 정치보도

한국 등 다른 나라 특파원들이 미 국무부 출입을 하기 위해서는 출입기자 등록을 해야 한다. 얼굴 사진과 소속 언론사 명칭, 그리고 몇 가지 신원정보를 제출하면 수일 후에 국무부 출입증이 발급된다. 1년 정도의 기간에 걸쳐 일주일에 최소 3차례 이상 브리핑에 꾸준하게 참석하면 정식 출입증을 발급받을 수 있다. 아시아권에선 단연 일본 취재진의 출입자 수가 가장 많다.

필자의 워싱턴 특파원 근무 시 국무부가 발급한 외국기자 등록증

국무부 정례 브리핑은 평일 오후 2시에 진행된다. 국무부 대변인이 기자들의 질문에 답하고 국제이슈 및 외교현안에 대해 설명한다. 미 주요 언론사 기자들은 물론 각국 특파원들도 많이 참석해 질문한다. 다양한 글로벌 이슈들이 발생하기에 질의응답 시간은 항상 긴장과 열기가 넘친다. 대변인 질의응답 외에 주요 정책이나 현안 이슈에 대해 국무부는 홈페이지나 성명(press release)을 통해 수시로 입장을 밝힌다.

외교적으로 민감하거나 보안이 필요한 이슈는 국무부 고위관계자(주로 차관급)가 백그라운드 브리핑 방식으로 기자들에게 설명한다. 오프더 레코드(Off the record) 조건으로 실시되는 경우가 많은데 설령 기사를 쓰더라도 실명보도를 하지 않는 조건을 단다. 국무장관이나 차관, 한반도 특사 등 국무부 고위관료들이 직접 기자들 앞에서 입장을 밝히는 경우도 있다. 세미나나 토론 등에 참석해 발언할 때두 있는데 특히 한국이나 북한 이슈에 대한 발언이 있을 때는 집중해서 챙겨야 한다. 국무장관의 대외 발언은 특별한 경우를 제외하곤 발언 녹취록을 홈페이지에 공개한다.

국무부 대변인실의 업무는 새벽 5시부터 시작된다. 언론 헤드라인 확인, 예상 질문 작성, 대응 답변 준비, 해당 국가 담당관과 연락, 프레스 가이던스(Press Guidance) 작성, 브리핑 내용 협의, 후속질문 대응 준비 등의 작업을 한다. 오후 2시 브리핑을 위해 9시간을 준비하는 시스템이다. 일관된 메시지 관리를 위해 프레스 가이던스 최종 조율은 백악관 대변인실에서 한다(권태호, 2018).

■ 국방부(Pentagon)

미 국방부도 중요한 출입처 가운데 하나이다. 미국의 주요 언론사들은 당연히 국방 전문 기자를 국방부에 출입시켜 국방 및 안보 현안을 취재한다. 초군사 강대국 미국은 거의 매일 국방안보 이슈가 발생하기에 국방부 출입기자는 어느 기자보다 바쁘다고 할 수 있다. 한국 특파원들에게도 국방부는 중요한 부서지만 접근이 쉽지 않다. 우선 청사의 위치가 워싱턴 D.C가 아닌 시 외곽의 버지니아주 알링턴에 있어 거리적으로 접근이 쉽지 않다. 국방부 청사는 펜타곤(pentagon)이라 불리는 오각형의 거대한 건물이다. 출입절차도 다른 부서보다 까다롭다. 한-미 안보협의회(SCM) 같은 정례행사가 있을 때에야 미 국방부 허가를 받아 취재가 가능하다. 필자의 경우 워싱턴 특파원 재임 시 한-미 국방장관 회담이 펜타곤에서 열려 청사 내에서 4시간 정도 머물렀는데 정해진 구역 외에는 철저하게 통제된 상태여서 제한된 취재만 할 수 있었다.

펜타곤 출입기자가 진가를 발휘할 때는 전쟁이 터졌을 때다. 미국이 직접 참전하는 경우(이라크 전쟁, 아프가니스탄 전쟁 등)는 물론 우크라이나 전쟁이나 하마스-이스라엘 전쟁같이 직접 참전하지 않더라도 미국이 사실상 관여하는 분쟁이 많아 펜타곤발 기사가 쏟아진다. 지구상 거의 모든 분쟁에는 미국이 어떤 형태로든 관련되어 있기에 펜타곤 출입기자는 글로벌 시각에서 국방 안보 이슈를 다룬다.

미국의 메이저 방송사들은 전쟁이 발발하면 기자를 현장에 파견해 전투상황을 생생하게 전한다. CNN은 1990년 걸프 전쟁 당시 미군의 이라크 현지 공습 장면을 실시간으로 중계해 전쟁 뉴스의 새로운 패러다임을 만들었다는 평가를 받는다. 당시 이라크 수도 바그다드의 미사일 공습 중계 장면은 전 세계 시청자들의 이목을 집중시켜 CNN을 단숨에 정상급 방송사로 올려놓았다. 그래서 우스갯말로 전쟁이 터져야 CNN이 먹고산다는 얘기가 나올 정도다. 하지만 한편에서는 수많은 인명이 희생되는 전쟁을 마치 비디오게임처럼 희화화하고 있다는 비판도 받았다.

■ 워싱턴 외신기자클럽(Foreign Press Club)

워싱턴에 파견된 각국 특파원들의 취재활동에 많은 도움을 주는 곳은 외신기자클럽(Foreign Press Club)이다. 외신기자클럽은 백악관 인근의 내셔널프레스빌딩에 입주해 있다. 이 빌딩에는 한국을 비롯해 세계 각국 언론사 워싱턴 특파원들의 상주 사무실이 있다. 외신기자클럽에서는 정기적으로 미국 행정부의 주요 관리들이 기자회견을 연다. 6자회담 수석 대표 등 국무부 고위관료를 비롯해, 미 합참의장, 태평양군사령관 등 국방부 요인들도 수시로 언론브리핑을 한다. 세계 각지에서 파견된 특파원들에게는 각 국가별 현안을 질의할 수 있는 좋은 기회다.

워싱턴 시내 중심가에 있는 내셔널프레스빌딩
(내셔널프레스빌딩 홈페이지)

외신기자클럽은 이밖에도 미 대선 프라이머리 현장, 미 대법원, 미군 주요기지 등 주요 현장을 취재하는 프레스투어(press tour) 프로그램도 제공한다. 기관 가이드가 현장을 인도하기에 효율적으로 취재할 수 있

한국방송 정치보도 VS 미국방송 정치보도

다. 또 요청할 경우 국무부나 국방부 등 주요 부처 당국자들과의 인터뷰도 주선해 준다.

정부 기관이나 정부 인사들 외에도 브루킹스연구소, 헤리티지재단, 한미경제연구소 등 워싱턴의 주요 싱크탱크들을 취재하는 것도 워싱턴 특파원들의 임무이다. 이들 연구소는 대부분 케이스트리트(K-Street)라 불리는 워싱턴 북서부 지역에 위치해 있기에 'K-스트리트 취재'라고 부르기도 한다. 미국 정부의 한반도 정책 수립에 직간접으로 관여하는 세미나, 학회, 포럼 등을 자주 개최한다. 한국 정부나 한국 대기업들을 대리해 미국 정부를 상대로 로비 업무를 수행하는 회사들도 대부분 이곳에 있다. 한반도 문제에 관한 식견을 넓히고, 외교·안보·국제경제 전문가들과 네트워킹을 쌓기 위해서는 이런 싱크탱크 행사에 참석하는 것이 도움이 된다.

3) 미국방송 정치뉴스의 특징

방송뉴스는 미국이나 한국이나 외형적 틀에서는 별 차이가 없어 보이지만 구체적으로 들어가면 내용을 채우는 방식이나 기사 구조, 취재 행태 등에서 적지 않은 차이점이 발견된다. 방송 정치뉴스의 경우 우선 한국보다 기자들의 협업에 의한 뉴스 생산이 훨씬 활발함을 꼽을 수 있다. 정치부 내의 출입처 간 협업은 물론, 경제부나 사회부 등 타 부서 기자들과의 협업도 활발하다. 기자 시각에서 이슈를 보지 않고 시청자나 국민 입장에서 이슈를 봐야 이런 협업이 원활해진다. 출입처, 이른바 '나와바리'에 과몰입하는 우리 언론계 현실에서 짚어 볼 만한 대목이다.

또 하나 주목할 점은 방송기자, 특히 정치부 기자들의 취재 관행이다. 한마디로 우리보다 공격적이고 집요하다. 우리나라의 경우 방송을 포함해 거의 모든 언론사의 정치부에는 다른 부서보다 어느 정도 연차가 있는 기자들이 배치된다. 갓 입사한 신참들은 주로 사회부에 배속되고 여기서 몇 년간 경험을 쌓은 뒤 정치부에 배치되는 것이 일반적이다. 그래서 패기 넘치는 공격적 취재보다는 다소 점잖은 취재 관행이 형성된다. 특히 정치부 기자들이 주로 접하는 취재원이 국회의원, 장·차관, 총리, 대통령 등 최고위 인사들인 데다 대부분 기자보다 나이가 많기에 기자들의 언행 역시 이들을 무의식으로 닮아 가는 경향이 있다. 이런 관행이 쌓여 패기 있고 공격적인 취재 본능이 점차 무디어져 감을 부인할 수 없다.

이에 비해 미국 기자들은 취재원의 직위나 나이를 불문하고 공격적으로 취재한다. 대통령 역시 예외가 아니다. 방송기자도 나이가 많든 적든 열정적이고 집요하게 취재하는 광경을 흔히 볼 수 있다. 때로는 무례하다는 느낌도 들지만 그렇다고 상식이나 매너의 선을 넘는 경우는 별로 보지 못했다. 문화적 차이가 크다는 점을 감안해야겠지만 기자정신이라는 관점에서 우리에게 시사하는 부분이 많다.

■ 협업 취재의 일상화

우리 방송 정치뉴스는 출입처별로 그날 발생한 주요 이슈를 각각 리포트하는 방식이 일반적이다. 다른 출입처와 연관성이 있는 이슈는 한 출입처 기자가 같이 묶어서 한 개 리포트로 제작한다. 큰 뉴스인데 두 출입처에서 각각 관련 이슈가 있다면 두 출입처 기자가 각각 한 개씩 리포트를 만들어 연달아 방영한다. 예를 들어 대통령이 'AI 인재 육성'을 지시하고 이와 발맞춰 그날 교육부에서 'AI 미래인재 육성을 위한 교육개혁안'을 발표했다면 대통령실 출입기자가 한 꼭지를 만들고 교육부 출입기자가 학교 현장에 가서 AI 교육실태를 점검하고 개혁안 내용을 담은 리포트를 만드는 식이다. 대통령실 출입기자가 교육부를 취재하거나 학교 현장에 가서 취재하는 경우는 거의 없다.

미국의 경우는 우리보다 훨씬 유연하다. 출입처가 특정 부서가 아닌 이슈 중심으로 운용되기에 주요 이슈기 발생하면 필요한 만큼 협업해 리포트를 만든다. 이른바 '나와바리' 집착이 강한 한국 언론에서는 흔치 않은 방식이지만 미국에서는 일상화된 관행이다. 이른바 '혼합형 주제' 리포트가 많다. 예를 들어 대표적 지상파 NBC는 2021년 7월 27일 메인뉴스 Nightly News의 톱뉴스로 〈코로나 확산, 마스크 의무화 확대〉 리포트를 내보냈다. 3분 55초 길이의 이 리포트는 마스크 의무화 착용을 둘러싼 바이든 대통령의 입장과 학교에서 마스크 의무착용 논란을 담았다. 대통령 발언 내용과 질병통제센터(CDC)의 마스크 의무화 조치가 핵심이라 할 수 있다. 리포트는 바이든 대통령 발언(sound-bite) 2개를 중간에 넣고, 다른 관련 내용들을 함께 묶어 혼합 리포트를 만들었다. 리포트는 백악관 출입기자가 아닌 보건 전문기자가 했다. 이슈 중심의 심층 리포트로 미국 방송뉴스에서 자주 볼 수 있는 방식이다.

〈코로나 확산, 마스크 의무화 확대〉

[앵커]
백신 접종을 완료한 사람들도 코로나에 감염된 것으로 확인되면서 질병통제센터(CDC)가 새로운 지침(guidance)을 발표했습니다.
백신 접종자라 할지라도 공공장소 실내에서 마스크를 착용하도록 권고한 것입니다.
불과 두 달 만에 방역지침을 바꾼 건데요, 정부는 백신접종자의 재감염 여부와 관련해 아직도 과학적 근거를 제시하지 못하고 있습니다.

코로나가 확산되면서 학부모들의 우려가 전국적으로 커지고 있는 가운데, 연방정부 보건당국은 학교에서는 전원이 실내에서 마스크를 써야 한다고 권고했습니다.

가베 구티레즈 기자가 자세한 내용 보도합니다.

[기자]
오늘 밤 질병통제센터는 코로나 감염률이 높은 지역에서는 백신 접종자라 하더라도 실내에서 마스크를 써야 한다고 권고했습니다.
이제까지 백신 접종자들은 코로나 감염이 거의 되지 않는다고 알려졌었는데요.
새로운 데이터에 따르면 백신 접종자도 델타변이에 감염될 수 있으며 오히려 더 바이러스를 감염시킬 가능성이 높은 것으로 나타났습니다.

[카비타 파텔 박사/코로나 전문의료인: "백신 미접종자는 물론 접종자들도 안전하지 않습니다. 새 지침은 지금의 상황이 얼마나 심각한지 보여주고 있습니다."]

바이든 대통령은 오늘 오후 연방정부 직원들에게 백신 접종 의무화를 추진 중이라고 말했습니다.

[바이든 대통령: "(접종 의무화를) 신중하게 고려하고 있습니다. 백신을 맞지 않는 것은 현명하지 못한 일입니다."]

불과 두 달 전 대통령이 직접 발표했던 방역완화 지침을 완전 뒤집는 것입니다.

[바이든 대통령(2달 전): "오늘은 미국에게 위대한 날입니다."]

이제까지 백신 접종자는 실내에선 더 이상 마스크 착용이 필요가 없는 것으로 믿어 왔습니다. 그런데 오늘 오후 워싱턴에서 해리스 부통령이 실내에서 마스크를 착용한 모습이 포착됐습니다. 워싱턴은 현재 감염률이 급증하고 있는 지역입니다.

조지아주를 비롯해 미국의 3분의 2 지역에서 코로나 감염률이 급등하고 있는 가운데 새 지침이 얼마나 효과적일지 회의적으로 생각하는 사람들도 적지 않습니다.

[시민: "그냥 편하게 숨 쉬고 싶어요. 규제받는 것 싫습니다."]

감염률이 높은 여러 주들에서조차 그동안 마스크 의무화는 강제조치가 아니었습니다. 이번 새로운 지침 역시 의무가 아닌 권고가 될 가능성이 높습니다.

이런 상황에서 질병관리청은 전격적으로 초·중·고 학교에서 백신 접종자들까지 포함해 모든 학생이 실내에서 마스크를 착용할 것을 권고했습니다.

[리자 헤링 박사/애틀랜타 공립학교 감독관: "이번 조치는 우리가 바른 방향으로 올바르게 행하고 있다는 확신을 들게 합니다."]

애틀랜타 공립학교 감독관인 '리자 헤링' 박사는 이미 수일 전에 관내 학교에 대해 실내 마스크 착용 의무화를 발표한 바 있습니다.

[기자: "정부가 자녀들에게 어떻게 행동해야 할지 알려 주지 않고 있다고 비판하는 학부모들이 있는데요, 무슨 말을 해 주시겠습니까?"]

[리자 헤링 박사: "그런 말 듣고 있고 우리도 경청하고 있습니다. 학생들을 책임지는 학교시스템 감독자로서 마땅히 책임을 지고 있고 관내 각 가정에 대해서도 책임감 있는 자세로 대하고 있습니다."]

전국 여러 개 학교 구역들 가운데 뉴욕, 로스앤젤레스, 시카고 등 3개 대도시 구역은 마스크 착용을 의무화하고 있습니다. 반면 휴스턴과 마이애미 데이드 카운티 구역은 마스크 착용이 선택사항입니다.

애틀랜타에 사는 앰브리아 배론은 이러한 정책에 매우 실망해 11살 딸을 집에서 홈스쿨링하고 있습니다.

[앰브리아 배론: "이쪽 학군에서는 이렇게 하고 겨우 몇 마일 떨어진 다른 학군에서는 저렇게 하고… 학부모로서 매우 혼란스러워요"]

질병통제센터국은 새 마스크 가이드라인이 결코 환영받지 못할 소식임을 안다고 말했습니다. 그러나 이번 조치가 결코 가볍게 결정한 사안은 아니며 진지하게 다루고 있다고 말했습니다.

가베 귀티레스 기자였습니다.

이 같은 협업 리포트는 부서 간 장벽을 조율하는 뉴스룸 내부 소통 시스템이 원활하게 작동될 때 가능하다. 메인뉴스의 주요 이슈 리포트가 결정되면 그 이슈와 관련된 여러 부서의 취재와 협조가 유기적으로 이뤄져야 한다. 조율이 무리 없이 작동하려면 사령관 격인 보도국장의 리더십이 필수적이다. 부서별로 크고 작은 불만과 이견이 있겠지만 소통과 조율을 통해 최선의 시너지를 만들어 내야 한다.

혼합뉴스 제작을 책임지는 뉴스PD의 역할도 중요하다. 미국의 메이저 방송사에서 뉴스PD의 역할은 우리보다 훨씬 중요하고 권한도 강하다. 스타 기자를 중점 활용하는 전략을 쓰기도 한다. 경력이 짧은 주니어 기자에게는 웬만해선 메인뉴스 리포트를 시키지 않고 경험이 풍부하고 방송에 능숙한 스타 기자가 메인뉴스 리포트를 전담하는 방식이다. 기자의 '나와바리'에 집착하지 않고 방송뉴스의 품질을 최우선하는 전략일 때 가능한 시스템이다.

■ 집요하리만큼 공격적인 취재 문화

미국 기자들은 대체로 한국 기자보다 공격적으로 취재한다. 상대방이 권력자거나 센 사람이라고 생각할수록 저돌적으로 질문하는 경향이 있다. 때로는 무례하다 싶을 정도로 상대방을 물고 늘어지는데 이런 모습은 특히 방송기자들이 두드러진다. 카메라에 이 같은 자신의 취재모습이 담기는 것을 자랑스러워하기도 한다. 우리나라 기자들도 이전에 비해 훨씬 공격적 취재를 하지만 대통령 같은 고위 권력자 앞에선 일정한 예의를 갖추는 것이 관행이다. 유교 문화적 전통도 있고 우리 언론계가 그 같은 취재 관행을 오랜 기간 형성해 왔기 때문이다.

미국 기자들은 보편적 매너 기준을 넘지 않는 선에서 최대한 공격적 취재를 한다. 상대방이 대통령일지라도 주눅 드는 경우는 좀처럼 보지 못했다. 때로는 저래도 되나 싶을 정도로 대통령에게 저돌적 질문 공세를 한다. 우리나라의 경우 대통령에 대한 질문은 대개 공식 기자회견장에서 대변인이 사회자로서 일정한 질서를 유지하며 질의응답을 진행하기에 돌발 상황이 나오는 경우는 거의 없다. 기자 질문에 대한 대통령의 대답이 부실하거나 성에 차지 않는다 해서 곧바로 후속질문을 던지기도 쉽지 않다. 대변인이 후속 질문 기회를 주지 않거나 적절히 무마하면서 다른 기자에게 질문권을 넘기는 경우가 많다.

미국의 경우 백악관에서 진행되는 대통령 질의응답은 보통 대통령이 직접 기자를 지명한다. 해당 기자는 대통령의 답변이 부실하다고 생각되면 곧바로 후속 질문을 하고 그래도 성이 안 찬다 싶으면 계속 질문 공세를 편다. 대변인이 이를 제지하는 경우는 거의 없다. 때로는 질의응답이라기보다는 거친 언쟁 수준의 광경이 제법 오랜 시간 벌어진다.

트럼프 대통령 재임 시절인 2018년 11월 7일 백악관 이스트룸(east room)에서 기자회견이 열렸다. 질문권을 얻은 CNN 백악관 출입기자 짐 아코스타(Jim Acosta)는 멕시코 국경에서 미국으로 넘어오려는 중남미 이민자 행렬 문제에 대한 대통령 의견을 물었다. 대통령의 답변이 적절치 않다고 생각한 아코스타는 후속 질문을 던졌는데 트럼프 대통령이 거칠게 반응하자 날선 언쟁이 벌어졌다. 설전이 거듭되자 급기야 백악관 인턴직원이 아코스타의 마이크를 뺏는 일까지 벌어졌다. 이 장면은 그날 주요 방송 메인뉴스에 생생하게 보도됐다.

트럼프 대통령과 CNN 아코스타 기자의 기자회견 설전 장면. 아코스타 기자의 마이크를 백악관 인턴직원이 뺏으려 하고 있다.(MBC 뉴스데스크, 2022.11.10. 캡처)

한국방송 정치보도 VS 미국방송 정치보도

〈CNN 짐 아코스타 기자와 트럼프 대통령 질의응답〉

아코스타: 대통령께 질문하겠습니다. 대통령께선 중남미 캐러번 행렬을 침략자라고 말씀하셨는데요. 그들은 침략자가 아닙니다. 그들은 중앙아메리카에서 미국 국경을 향해 가는 이민 집단입니다.

트럼프: 알려 줘서 고맙군요. 감사해야겠네요.

아코스타: 대체 왜 침략자라고 규정하시는 건가요?

트럼프: 왜냐면 내가 침략이라고 생각하기 때문이지요. 당신과 나는 생각이 다릅니다.

아코스타: 대통령께서는 대선 기간에도 이민자들을 악마화했던 걸로 기억합니다.

트럼프: 그렇지 않아요. 전혀. 그들이 우리나라에 온다면 합법적으로 와야 한다는 말입니다. 절차대로 들어와야 한다는 것이죠. 난 절차가 지켜지길 원합니다.

아코스타: 대통령께서는 선거광고에 이민자들이 국경장벽을 기어오르는 영상을 보여 주지 않았습니까?

트럼프: 그건 사실이기 때문입니다. 그 사람들은 배우가 아니잖아요.

아코스타: 그들도 그러고 싶어선 그런 건 아니지요.

트럼프: 그 사람들 배우가 아닙니다. 할리우드에서 온 사람들이 아닙니다. 실제 상황이에요.

아코스타: 그 사람들은 여기서 수백 마일 먼 곳에 있습니다. 침략이 아닙니다.

트럼프: 솔직히 말할까요. 내가 나랏일 하도록 그냥 좀 내버려둬요. 당신은 CNN 일을 하면 되는 거고… 당신이 회사 일 잘한다면 회사서 좋은 평가 받는 거 아닙니까?

아코스타: 질문 하나 더 해도 되겠습니까?

트럼프: 됐어요, 됐습니다.

아코스타: 질문 하나만 더 하겠습니다. 러시아 조사 건인데요.[9] 혹시 이

---

9) 러시아 조사 건이란 2016년 미국 대선 당시 트럼프 대선 캠프 인사들과 러시아 공작원들이 내통 공모하는 방식으로 러시아가 선거에 개입했다는 의혹이다. 이 의혹에 대해 미국 연방수사국(FBI)과 미 의회의 조사가 진행되면서 엄청난 정치적 파장이 일었다. 조사 결과 트럼프 대선 캠프와 러시아 인사들 간의 접촉 증거는 확보했으나 트럼프 캠프 인사가 러시아 정부와 선거 개입 활동을 공모하거나 조율한 사실은 규명하지 못했다.

한국방송 정치보도 VS 미국방송 정치보도

건 관련해서 기소되는 것을 우려하고 계십니까?

트럼프: 러시아 조사 건에 대해선 우려하지 않아요. 그건 거짓말이거든요.

아코스타: 제 말은 대통령께서…

트럼프: 됐어요. 마이크 내려놓아요.

아코스타: 이 건으로 기소되는 것을 염려하고 계십니까?

트럼프: 분명히 말하지요. CNN은 당신 같은 기자가 근무하는 걸 수치스럽게 여겨야 합니다. 당신은 무례하고 험악한 사람입니다. 당신은 CNN에서 일하면 안 돼요.

아코스타: 그 말은 공정하지 않군요.

트럼프: 당신은 매우 무례해요. 백악관 공보비서관을 대하는 당신 태도도 끔찍해요. 다른 사람들을 대하는 태도도 끔찍합니다. 사람을 그런 식으로 대하면 안 됩니다.

어찌 보면 해프닝일 수도 있었지만 사태는 여기서 끝나지 않았다. 트럼프가 아코스타의 질문을 끊어 버리고 다른 기자에게 질문권을 넘기자 백악관 인턴 여직원이 아코스타의 마이크를 빼앗으려 왔는데 이 과정에서 약간의 신체 접촉이 있었다. 백악관은 이것이 부적절한 행동이라며 당일 기자회견 종료 후 바로 출입정지 조치를 내렸다. 아코스타는 "백악관 주장처럼 그 여성의 몸에 손을 대거나 만진 적이 없다"면서 거짓말이라고 반박했다. 백악관은 그러자 백악관은 아코스타의 출입을 정지한 것은 그가 '무례했기' 때문이라고 말을 바꿨다.

CNN은 출입정치 조치가 언론자유를 보장한 미 수정헌법 제1조를 위반한 것이라며 워싱턴 D.C. 연방지방법원에 소송을 냈다. 법원은 백악관에 출입정지 해제를 명령했고, 백악관은 아코스타의 출입증을 복원했다. CNN은 다음 날 소송을 취하했다. 아코스타는 2021년까지 백악관 출입기자를 한 뒤 이후에는 CNN 〈News Room〉 프로의 앵커로 활약 중이다. 대통령 앞에서도 당당한 차원을 넘어 무례하다 싶을 정도로 공격적 취재를 하는 미국 기자들 모습은 우리 기준에서 볼 때 다소 거리감이 드는 것도 사실이다. 3년간 청와대 출입기자를 했던 필자의 경험에서 미국 기자들의 모습은 한편으로 부럽기도 하면서 한편으로는 나라 간 문화 차이를 느끼게 만들기도 한다.

미국 정치뉴스에서 또 하나 주목할 점은 데이터 저널리즘의 적극 활용이다. 탄탄한 데이터는 기사의 신뢰도를 높일 뿐 아니라 정치뉴스의 불편부당성을 확립하는 기반이 된다. 미국 역시 우리처럼 언론사 고유의 정치성향을 드러내는 보도가 많지만 그런 와중에도 객관적 데이터에 기반한 정치 분석이나 정국 전망은 언론사 색깔과 상관없이 정치뉴스의 품격을 높이는 필수요소가 된다. 수용자들 역시 자신의 정치성향과 상관없이 품질 높은 정치기사에 눈길이 더 쏠리는 것은 당연하다고 할 수 있다.

데이터 저널리즘은 특히 선거 국면에서 적극 활용되는데 예를 들어 '왜 트럼프는 지지자가 많은가'라는 주제를 설정한 뒤 관련 여론조사나 SNS 등에서 방대한 데이터를 추출해 심층 분석하는 방식 등이다. 전문가 아니면 접근하기 힘든 거대 정보를 시청자들이 쉽게 이해할 수 있도록 가공해 전달하는 뉴스는 그 정보 자체로 고유한 가치가 있을 뿐 아니라 치열한 시청률 경쟁 속에서 확실한 차별성을 확보할 수 있는 수단이 되기도 한다(『주간경향』, 2024. 11. 4.).

3

한-미방송 정치뉴스 비교:
무엇이 어떻게 다른가?

한-미 두 나라 방송사 정치뉴스가 구체적으로 어떤 차이가 있는지 알아보기 위해 대표적 정치기사들을 골라 비교 분석해 보고자 한다. 방송기사는 크게 스트레이트와 리포트 두 분류로 나눠지기에 각각의 기사 형태를 수평적으로 비교해 보았다. 스트레이트 기사 예시를 위해 한-미 두 나라 지상파 방송에서 최근 보도된 기사들 중에서 표준적이라고 여겨지는 정치기사를 골랐다. 리포트는 한국의 대표적 지상파인 KBS의 메인뉴스 프로인 〈뉴스9〉과 미국이 대표적 지상파인 NBC의 메인뉴스인 NBC 〈Nightly News〉에서 적합하다고 판단되는 리포트들을 골라 분석했다.

1) 정치뉴스 스트레이트 기사

한국방송사의 정치뉴스 스트레이트는 전형적인 역피라미드 방식이다. 앞 장에서도 설명했듯이 정치기사 스트레이트는 사안의 핵심과 개요를 신속하고 명료하게 전달하는 데 목적이 있기에 가능한 객관적이고 효율적으로 정보를 구성, 배열하여야 한다.

〈예시〉 정치뉴스 스트레이트 기사(KBS, 2024.5.28.)

전세사기 피해자를 '선(先)구제 후(後)회수' 방식으로 지원하는 '전세사기 피해자 지원 및 주거 안정에 관한 특별법'(전세사기특별법) 개정안이 야당 단독으로 국회를 통과했습니다.

국회는 오늘(28일) 오후 본회의를 열어 재석 의원 170명에 찬성 170명으로 개정안을 가결했습니다.

더불어민주당 등 야당 의원들만 표결에 참여했고, 국민의힘은 야당의 강행 처리에 항의해 표결에 불참했습니다.

개정안에는 주택도시보증공사(HUG) 또는 대통령령으로 정하는 기관이 전세사기 피해 주택의 보증금 반환 채권을 매입해 피해 임차인을 우선 구제해 주고, 추후 임대인에게 구상권을 청구해 비용을 보전하는 내용 등이 담겼습니다.

개정안은 전세사기 피해자 요건 중 임차보증금 한도를 현행 3억 원에서 5억 원으로 상향 조정하고, 피해자로 인정될 수 있는 임차인에 외국인도 포함했습니다.

다음은 미국 NBC 방송의 정치뉴스 스트레이트 기사 예시다. 역시 역
피라미드 방식에 6하원칙을 담는 기사 방식으로 사안의 핵심을 명료하게
설명한다. 한국방송 스트레이트 기사와 별 차이는 없지만 역피라미드 구
조 속에서도 좀 더 사안의 맥락을 담아 보려는 시도가 보인다. 하지만 큰
틀에서는 유사하다고 볼 수 있다.

〈예시〉 정치뉴스 스트레이트 기사(NBC, 2024.5.8.)

공화당 소속 마이크 존슨 하원의장에 대한 공화당 강경파 마조리 테일러
그린 의원이 발의한 불신임안이 공화당 의원 다수와 민주당 의원들의 반
대 표결로 부결됐습니다.

테일러 그린 의원이 발의한 불신임안 배척을 결정하는 표결에서 찬성
359표, 반대 43표의 큰 표차가 나왔습니다. 민주당 의원 가운데 7명이 기
권했으며 32명이 반대했습니다. 공화당 의원들은 11명만 반대했습니다.

이번 표결 결과는 공화당 내 소수인 강경파 의원들이 공화당 출신 하원의
장 축출을 위협하며 민주당 정부의 예산안 등 표결을 방해해 온 흐름이
뒤집힌 것입니다. 지난해 10월 케빈 매카시 당시 하원의장은 공화당 강경
파 주도로 하원의장에서 쫓겨났었습니다.

존슨 하원의장은 불신임안 배척안이 가결된 뒤 '이번 일로 감정의 정치'가 끝장난 것이라고 말했습니다.

스트레이트 기사는 한국방송이나 미국방송에서 큰 틀에서 차이가 없음을 볼 수 있다. 스트레이트 기사의 특징인 역피라미드 방식과 6하원칙(5W1H)은 사안의 핵심을 전달하는 데 가장 유용한 틀이기 때문이다. 그래서 신문과 방송 공히 스트레이트 작성 패턴은 비슷하다고 볼 수 있다. 다만 최근에는 모든 방송사들이 모바일과 인터넷판 기사를 함께 운용하기에 이전보다는 방송 스트레이트 기사의 간결성을 강조하지 않는 추세다. 수용자들은 자신이 관심 있는 기사 주제에 대해서는 많은 분량의 정보를 원하기 때문이다. 그래서 주요 이슈가 발생할 때는 방송기자들도 충분히 긴 문장의 스트레이트 기사를 작성하는 것이 최근의 추세다.

2) 한-미 리포트 비교: 지상파 메인뉴스를 중심으로

방송뉴스의 가장 대표적 형식인 리포트를 비교 분석하기 위해 한-미 두 나라의 대표적 방송사인 KBS와 NBC의 메인뉴스를 살펴본다. 각각의 메인뉴스에서 정치뉴스가 어떤 형태로 구성되는지, 내용적으로는 어떤 차이가 있는지를 파악해 보고 그 함의를 짚어 보고자 한다. NBC 〈Nightly News〉는 미국의 대표적 지상파인 NBC의 간판 메인뉴스로 60년 넘는 전통을 갖고 있다. 미국 동부시간으로 매일 저녁 6시 30분에 시작하며 공식편성 시간은 30분이다. 미국에서 가장 많이 시청하는 뉴스프로그램 중 하나이다. KBS 〈뉴스9〉은 한국의 대표적 공영방송 메인뉴스 프로그램으로 꾸준히 높은 전국 시청률을 유지하고 있다.

NBC 〈Nightly News〉 메인앵커 레스터 홀트(Lester Holt)
(NBC 홈페이지 화면 캡처)

분석기간을 2023년 5월 1일~6월 30일까지 61일간으로 정해 각각의 메인뉴스에 등장하는 정치뉴스를 비교해 보았다. 이 시기를 선택한 이유는 두 나라 공히 선거나 정권 교체 같은 큰 정치 변수가 없는 시기이기 때문에 수평 비교에 적합하다고 판단했다.

한국은 윤석열 대통령 취임 2년 차에 접어든 시기로 큰 정치적 변수가 발생하지 않는 비교적 안정 국면이었다고 할 수 있다. 미국의 경우도 바이든 대통령의 집권 3년 차 초반 시기로 중간선거 같은 큰 정치적 이슈가 없는 시기였다. 따라서 이 시기는 두 나라의 정치뉴스의 일반적 패턴을 파악하기 적절한 시기로 여겨진다.

■ 분류 기준

두 방송사 정치뉴스의 구체적 차이를 알아보기 위해 다음과 같이 5개의 분류 기준을 만들었다.

① 정치 리포트 개수

리포트 개수는 메인뉴스에서 정치뉴스의 비중을 가장 쉽게 알아볼 수 있는 지표이다. KBS와 NBC, 공히 메인뉴스의 보도건수 기준은 철저하게 뉴스밸류에 기준하기에 정치뉴스 리포트가 많다는 것은 그만큼 정치를 중요시한다는 의미로 해석할 수 있다. 메인뉴스에서 주요 뉴스들은 대부분 리포트로 배치하고 예외적으로 단신을 넣기도 한다. 단신은 리포트로 남기엔 정보량이 적거나 뉴스밸류가 비교적 낮은 사안을 전달할 때 사용한다.

대표적 방송뉴스 전달방식인 리포트는 원래 미국방송에서 출발했다. 미국은 리포트를 패키지(package)라 부른다(용어의 일관성을 위해 리포트로 표기를 통일한다). 한 꾸러미, 즉 패키지에 기사, 영상, 오디오 등 여러 가지 요소들이 담겨 있다는 의미다.

② 편성 위치

방송사 메인뉴스에서 어떤 리포트를 톱으로 배치할지 정하는 것은 그날의 제일 중요한 이슈가 무엇인지를 전한다는 의미가 있다. 신문의 1면 헤드라인이 그날의 가장 중요한 아젠다를 상징하는 것과 같다. 중요한 뉴스는 당연히 뉴스 전반부에 등장한다. 분석을 위해 다음과 같이 리포트 편성 위치를 분류했다.

△ 톱블록
△ 중간블록
△ 후반블록

③ 리포트 길이

리포트의 길이는 정보량과 직접적 상관관계가 있다. 길이가 길면 당연히 정보량이 풍부하고 심층적 내용을 담을 수 있다. 우리나라 방송의 리포트는 전체적으로 미국방송에 비해 짧은 편이다. 특히 정치리포트의 경우 단일 주제로 리포트를 많이 하기 때문에 시간이 상대적으로 짧다. 우리나라 시청자들의 성향과도 관계가 있다. 긴 호흡의 리포트보다는 주제를 분명하게 세워 간결하게 정리해 주는 리포트 패턴을 선호하기 때문이다. 이는 시청률과도 연결된다(박찬정·박재영, 2022). 방송기자들은 가능한 신속하게 리포트를 만드는 것이 습관화되어 있기에 대부분 짧은 길이의 리포트를 선호한다.

④ 단일 주제 vs 혼합형 주제

리포트에는 하나의 출입처에서 발생하는 소식들 위주로 리포트를 제작하는 '단일 주제(대통령, 정당, 외교 등) 리포트'가 있는가 하면, 관련 이슈들을 같이 엮는 '혼합형 리포트'가 있다. 단일 주제 리포트는 통상 기자 한 명이 주제 하나로 제작하기에 핵심이 명료하고 이해하기 쉽다. 우리나라 정치부 기자들이 많이 쓰는 방식이다. 미국방송 기자들은 혼합형 주제를 많이 쓴다. 주제와 관련된 다양한 사안들을 통합해 하나의 스토리로 만드는 방식이다. 정치는 여러 이슈들이 유기적 흐름 속에 다양하게 얽혀 있기에 이런 방식이 적합하다는 판단 때문이다.

⑤ 분야 주제별 뉴스 개수

정치기사를 크게 4가지 분야의 주제로 나눠 분석했다. 정치뉴스에는 다양한 영역이 있지만 크게 4가지 뉴스 분야로 나누는 것이 일반적이다.

가장 뉴스가 많이 생산되는 대통령실과 국회를 예로 들어 설명하면, 한국과 미국은 공히 대통령 중심제 국가이고 대통령을 정점으로 행정부가 구성되어 있다는 점에서 유사성이 크다(이재훈, 2018). 국회는 한국이 단원제, 미국은 상하원 양원제라는 차이가 있지만 기사 측면에서 본질적 차이는 없다고 하겠다.

· 대통령뉴스 분야

일반적으로 대통령뉴스는 정당이나 정치권뉴스와 성격이 다르고 기사 구성이나 전달 방식에서도 차이가 있다. 대통령제 국가인 미국과 한국에서 대통령은 다른 정치인과 비교가 불가능할 정도로 강력한 권력을 행사한다. 정치뉴스가 일반적으로 정당을 기반으로 한 정치인들의 여러 활동을 아우르는 일종의 종합뉴스라 한다면, 대통령뉴스는 대부분 대통령 1인을 중심으로 전개되는 독자적 뉴스의 성격이 강하다.

리포트 위주로 구성되는 TV 메인뉴스의 경우 대통령의 발언이나 동정, 정책결정 소식으로도 하나의 리포트를 제작하는 경우가 많다. 반면 다른 정치뉴스는 단독 구성 리포트보다는 정당의 주요 이슈나 이와 연관된 정치인들의 언행 등 여러 관련 요소들을 아울러 하나의 리포트 꼭지를 만드는 경우가 많다.

대통령 단독 구성 리포트는 한국방송에서 특히 두드러지는데 이는 대통령에 대한 일종의 예우 관행과 관료주의에 일부 영향을 받은 것이라는 분석이 있다(이재훈, 2022). 반면 미국방송의 경우 대통령을 예우 차원에서 별도 리포트하는 경우는 거의 없고 필요에 따라 정당·정치권 뉴스와 믹싱해서 리포트하는 경우가 많다.

· 의회 · 정당뉴스 분야

의회 · 정당뉴스는 정치부 뉴스 중 가장 많은 분량을 차지한다. 기자들이 커버해야 하는 뉴스 영역도 다른 어느 정치부 출입처보다 방대하다. 의원 수만 해도 한국이 300명, 미국은 상원 100명, 하원 435명에 달한다. 정당도 여럿이고 당 내 세력관계나 다툼, 갈등 등도 뉴스가 된다. 정치인 개개인의 언행, 정당의 움직임과 정책, 정책에 투영되는 각 분야의 영향 등 다양한 뉴스들이 생산된다.

· 외교 · 안보뉴스 분야

정치부 내에 외교, 안보 이슈를 함께 다루는 경우가 일반적이기에 정치뉴스 분석 유목에 외교 · 안보 이슈를 포함시켰다. 외교부(미국은 국무부), 국방부 기사가 많다. 한국에서는 북한 관련 뉴스가 많다. 한국의 외교 · 안보 뉴스가 거의 북한이나 한반도 문제 중심인 데 반해 초강대국인 미국은 사실상 전 세계 이슈와 관련돼 있다고 볼 수 있다.

· 기타 분야

앞의 분야에 포함되지 않는 총리실, 감사원, 국정원(미국은 CIA) 등에서 나오는 뉴스는 기타 분야로 분류했다. 이 분야는 상대적으로 뉴스밸류나 보도 횟수에서 비중이 적은 편이지만 항상 그런 것은 아니며 상황에 따라서는 대형 뉴스가 발생하기도 한다.

■ 분석 결과

분석대상 61일(2024.5.1.~2024.6.1.) 동안 방영된 KBS와 NBC의 각각 메인뉴스에 방영된 정치보도에 대한 분석결과를 다음과 같이 정리했다.

① 정치 리포트 개수(리포트+단신)

	리포트	단신	TOTAL
KBS	234(96.7%)	8(3.3%)	242(100%)
NBC	172(93.4 %)	14(7.6 %)	184(100%)

(단위: 개)

조사기간 61일 중 두 방송사 메인뉴스의 정치뉴스 개수를 집계해 보았다. 리포트와 단신을 포함해 KBS 〈뉴스9〉은 총 242건의 정치뉴스를 보도했는데 96.7%가 리포트였다. NBC는 총 184건을 보도했고 리포트가 93.4%를 차지했다. 두 방송사의 총 보도건수는 KBS가 58건 더 많았는데 이는 KBS가 정치뉴스에 더 비중을 둔 편성을 했음을 보여 준다. 또 KBS의 리포트 시간이 NBC보다 전체적으로 짧은 것도 리포트 꼭지 수를 늘리는 원인으로 분석된다. 아울러 우리나라의 국민들의 높은 정치 관심도가 방송의 정치뉴스 시간을 늘린 것이라는 해석도 가능케 한다.

NBC의 정치뉴스 개수가 KBS보다 적은 것은 메인뉴스에서 정치뉴스 비중에 대한 판단 기준이 다름을 의미한다. 미국인들의 정치 관심도를 반영하는 수치로 해석될 수도 있지만 이에 대한 상관관계를 단정적으

한국방송 정치보도 VS 미국방송 정치보도

로 말하기는 조심스러운 부분이다. 어쨌든 우리나라가 미국에 비해 정치 과잉인 나라임은 부인할 수 없다고 하겠다. NBC의 리포트 평균 길이가 KBS보다 길다는 점도 리포트 꼭지 수가 적은 이유로 추정된다.

② 리포트 평균 길이

	90초 미만 (단신 포함)	90초~180초	180초 이상	계
KBS	5(2%)	230(95%)	7(3%)	242(100%)
NBC	6(3%)	119(65%)	59(32%)	184(100%)

90초 미만 리포트에서는 KBS와 NBC 사이에 유의미한 차이가 없었고, 중간 길이(90초~180초) 리포트는 KBS가 훨씬 많았다. 90초에서 180초는 단일 주제 리포트 제작에 가장 적절한 길이라 할 수 있다. 특히 의회·정당뉴스에 많이 사용되는데 여와 야의 입장을 설명하면서 각각의 사운드 바이트를 최소 1개씩 넣어야 하기에 이 정도 시간이 소요된다. 180초 이상은 대개 혼합형 주제 리포트일 경우 소요되는 길이다. 다양한 이해관계자의 입장을 담고 심층적 분석을 해야 하기에 자연히 시간이 길어진다. NBC가 180초 이상의 긴 리포트가 훨씬 많은 이유는 혼합형 리포트가 KBS에 비해 월등히 많기 때문으로 보인다. 리포트 제목은 '마약', '동성애', '낙태' 등 사회적 이슈로 되어 있지만 리포트의 내용적 구성에서 정치와의 연관성을 짚어 주는 부분이 많음을 알 수 있다.

③ 정치뉴스 편성 위치

방송뉴스에서 톱뉴스는 신문에서의 1면 헤드라인에 비유할 수 있다. 일반적으로 독자나 시청자는 방송의 톱뉴스나 신문의 1면 헤드라인을 그날의 가장 중요한 소식이라고 여긴다. 그래서 방송의 톱뉴스 선정은 중요한 아젠다 설정 기능을 갖는다. 방송사 메인뉴스에서 어떤 리포트를 톱으로 배치할지 결정은 통상 보도국(뉴스룸) 국장과 편집부에서 수차례 논의해서 결정한다. 그날의 제일 중요한 이슈가 무엇인지를 시청자에게 전달한다는 의미가 있기에 심사숙고하여 결정한다.

분석 결과를 보면 KBS에서 정치뉴스가 톱블록을 차지하는 경우가 NBC보다 유의미하게 많음을 볼 수 있다. 중반부에 배치될 경우에도 비교적 중반부 앞부분에 자리하는 경우가 있다. 그만큼 메인뉴스 편성자들이 정치보도의 뉴스밸류를 높게 본다는 의미라 할 수 있다.

정치뉴스 편성 위치

	톱블록	중반부	후반부	TOTAL
KBS	120(49.5%)	110(45.4%)	12(4.9%)	242(100%)
NBC	72(39.1%)	100(54.3%)	12(6.5%)	184(100%)

한국방송 정치보도 VS 미국방송 정치보도

④ 단일 주제 vs 혼합형 주제

한국방송사 정치뉴스의 주된 특징 가운데 하나가 단일 주제 리포트가 많다는 사실은 앞에서 언급한 바 있다. 이 같은 특징을 입증하듯 KBS 〈뉴스9〉에서도 단일 주제 리포트가 압도적으로 많다. 다음 표에서 86%라는 수치가 말해 주듯 KBS는 특별한 경우가 아니면 단일 주제로 리포트를 만든다. 대통령실이든 국회든 각각의 출입처에서 발생하는 뉴스를 해당 출입기자가 단일 주제로 만드는 관행이 굳어 있다. 단일 주제는 기자 혼자 쓰는 경우가 대부분이라 제작이 신속하고 용이하다. 하지만 기사의 폭이 좁고 해당 주제와 연관되는 이슈들을 제대로 짚어 주지 않아 뉴스 내용적으로 볼륨이 작다고 하겠다.

단일 주제 리포트 vs 혼합형 주제 리포트 비교

	단일 주제	혼합형 주제	TOTAL
KBS	208(86%)	34(14%)	242(100%)
NBC	74(40%)	110(60%)	184(100%)

NBC의 경우 전체 리포트 개수의 3분의 2에 이를 정도로 혼합형 주제 방식이 많다. 출입처에서 중요한 사안이 발생하면 다른 출입처에서 연관되는 사안들을 같이 엮어 폭넓게 보도한다. 예를 들어 백악관에서 금융정책에 관해 중대 발표를 하면 상·하원 움직임은 물론 재무부 등 관련 부처 움직임, 금융권과 기업 동향, 일반인들의 의견까지 폭넓게 취재해 리포트에 담는다. 당연히 기사의 길이도 길어지고 리포트의 무게감이 높

아진다. 정치부 기자들끼리는 물론 사회부나 경제부 등 타 부서와의 연계가 유기적이어야 가능하다. 역시 사회부나 경제부 등에서 중대 이슈가 발생할 때도 정치부 기자들이 자기 출입처에서 관련되는 사안을 적극 취재해 협업을 돕는다.

KBS의 혼합형 주제 리포트 중 가장 흔한 형태는 국회의원이 상임위 질의자료나 국감자료를 발표하면 이를 기반으로 기자가 관련 현장을 찾아 리포트를 제작하고 해당 의원의 인터뷰를 넣어 주는 방식이다. 국회 출입기자들과 의원들 간 일종의 콜라보 방식으로 국감기간에 자주 만들어진다.

〈예시〉 리포트(KBS 뉴스9, 2023.5.29.)

[앵커]
요즘 새로 짓는 아파트들은 대부분 엘리베이터에 '전기 재활용 장치'를 달고 있습니다.

에너지를 아껴 전기요금 부담을 줄일 수 있다 보니 공공 주택부터 설치를 늘리자는 목소리가 나옵니다.

○○○ 기자입니다.

[리포트]
2천 세대가 사는 아파트의 기계실입니다.

한국방송 정치보도 VS 미국방송 정치보도

엘리베이터용 전기를 아끼려고 4년 전, '회생제동장치'란 걸 달았습니다.

주민들이 타고 내릴 때 도르래가 움직이는데, 이때 발생하는 열 에너지를 재활용하는 장치입니다.

[김경수/○○아파트 관리소장: "(회생)제동장치가 생산한 전기료가 감면되기 때문에 입주민들의 승강기 전기료가 할인돼서 관리비 부담이 줄어들고 있고…"]

한국전력은 이 장치를 달면, 엘리베이터 소비 전력량을 평균 10~20% 줄일 수 있다고 말합니다.

엘리베이터 한 대당 연간 수십만 원씩의 전기료를 아낄 수 있는 겁니다.

하지만 소액의 전기요금에도 민감한 LH의 임대아파트조차 이 장치가 설치된 곳은 많지 않습니다.

[LH 임대아파트 주민: "(전기) 쓰지도 않지. 아까워서 웬만해선 안 켜지. (장치 설치해서) 깎아 주면 좋기는 하지. 우리 관리비도 좀 덜 나가니까 낫지."]

LH 임대아파트 전체 승강기 가운데 '회생제동장치'가 설치된 건 21%에 불과합니다.

임대아파트에 모두 설치하면, 연간 76억 원어치의 전기를 절약할 수 있습니다.

문제는 100만 원대의 비용인데, 한국전력과 일부 지자체는 비용의 절반 가량을 보조금으로 지원하고 있습니다.

[양기대/국회 기획재정위원/더불어민주당: "공공기관들이 에너지 효율에 대한 고민이 참 많이 부족한 것을 느꼈습니다. LH는 에너지 효율을 더욱 높여서 거주자들의 관리비 부담을 줄여 주는 데 최선을 다해야 할 것입니다."]

LH는 엘리베이터 교체 주기가 되면 설치할 예정이었다면서, 그것과 상관없이 일부 단지에서 시범 운영해 보겠다고 밝혔습니다.

KBS 뉴스 ○○○입니다.

⑤ 분야별 주제

정치부에서 생산되는 뉴스는 크게 △ 대통령, △ 의회·정당, △ 외교·안보 분야 뉴스로 나눌 수 있다. 각 분야별로 생산되는 리포트 집계를 비교해 보면 KBS나 NBC가 서로 큰 차이가 없음을 보여 준다. 가장 많이 뉴스가 쏟아지는 분야는 역시 의회·정당이다. 의원들 숫자가 많은 데다 각 당에서 매일 크고 작은 이슈들이 발생하기 때문이다. 대통령뉴스는 한-미 두 방송사의 리포트 개수가 엇비슷하다. 전체적으로 한-미 두 나라 정치 시스템이 유사한 부분이 많기에 기사 발생 패턴에서도 공통점이 많음을 볼 수 있다. 다만 NBC의 대통령뉴스는 대통령 단독 주제보다는 혼합형 뉴스가 많다는 특성이 있기에 KBS 대통령뉴스와 수평 비교는 다소 무리가 있다고 할 수 있다.

	대통령	의회·정당	외교·안보 (북한)	기타	TOTAL
KBS	50(20.6%)	127(52.4%)	62(25.7%)	3(1.3%)	242(100%)
NBC	48(26%)	90(49%)	36(20%)	10(5%)	184(100%)

외교·안보 이슈의 경우 미국은 초강대국답게 중국, 중동, 우크라이나 등 전 세계 이슈들을 폭넓게 아우른다. 전 세계에서 발생하는 주요 이슈들이 사실상 미국과 직접 관련이 있기에 단순히 외신 뉴스가 아니라 미국의 안보 뉴스로 다룬다. 우리나라는 북한 관련 이슈(북핵 미사일, 김정일, 탈북 등)들이 외교·안보뉴스의 대부분을 차지한다.

기타 분야로 KBS는 총리실이나 국정원발 뉴스 등을 다룬다. 사실상 의회·정당과 대통령 뉴스를 빼면 비중이 그리 크지 않다. NBC의 경우는 기타 분야에 AI 이슈, 마약, 동성애, 낙태 이슈 등을 포함한다. 미국에서는 이들 이슈가 우리나라보다 훨씬 첨예한 갈등 사안이고 정치권과 연관성이 크기에 정치부에서 연계 리포트들을 많이 제작한다. 앞에서도 언급했듯이 NBC-KBS와의 수평비교를 위해 편의상 △ 대통령, △ 의회·정당, △ 외교·안보 3분야로 나눴지만 NBC 정치뉴스 리포트의 상당수는 혼합형 주제여서 KBS와 단순 수평적 비교에는 적절치 않은 부분도 있다. 또 비교 기간이 61일로 비교적 짧은 것도 본 분석의 한계점이라 할 수 있다.

4

한국과 미국,
대통령뉴스 어떻게 다른가?

대통령뉴스는 일반 정치뉴스와 다른 점이 많은 영역이다. 한국과 미국 모두 대통령 중심제 국가로 대통령에게 막강한 권한이 주어진다. 그만큼 대통령의 정치적 파워는 크고 당연히 방송뉴스에서 대통령은 중요하다. 미국은 방송의 역사가 오래된 만큼 역대 대통령들이 방송을 통치행위에 적극 활용했다. 프랭클린 루스벨트(Franklin Roosevelt) 대통령은 라디오 가 본격 보급된 1930년대 후반 '노변정담(fireside chat)'이라는 프로그램 에 직접 출연해 국민들을 상대로 자신의 정책을 설득했다. 2차대전에 미 국이 참전하는 문제를 놓고 찬반 여론이 팽팽한 상황에서 루스벨트는 노 변정담을 통해 참전의 당위성을 국민에게 적극 설득했다.

텔레비전이 대량 보급되기 시작한 60년대부터는 대통령 선거에서 방 송이 점점 큰 비중을 차지하기 시작했다. 역대 미국 대통령들은 방송을 가장 중요한 정치도구로 활용해 왔으며 방송사들 역시 대통령을 매일 중 요 뉴스로 다룬다. 미국인들은 거의 매일 대통령 얼굴을 TV에서 본다. 그 래서 TV가 미국 대통령을 만든다는 말이 과장이 아닐 정도다.

한국은 오랜 기간 권위주의적 대통령 통치가 지속됐고 이 시기 방송사 들은 집권세력의 직간접적 영향 아래에 놓여 있었다. 특히 KBS를 위시한 공영방송들은 뉴스에서 최고 권력자 대통령을 의식하지 않을 수 없었다. 이 같은 권위주의적 잔재는 민주화 이후 많은 변화에도 불구하고 정권이 여전히 공영방송의 거버넌스에 영향력을 미치는 상황에서 완전히 불식 되었다고 말할 수 없는 형편이다. 이 챕터에서는 한-미 양국의 정치적 배 경과 문화 차이에서 기인하는 두 나라 방송의 대통령 뉴스의 차이점을 비

교분석적 방법으로 살펴보고자 한다.[10]

* 비교 방법

한-미 방송사의 대통령 뉴스를 비교분석하기 위해 KBS 메인뉴스인 〈뉴스9〉과 미국 NBC 방송 메인뉴스인 NBC 〈Nighthly News〉를 대상으로 대통령 보도를 비교 분석했다. 비교 기간은 2021년 6월 1일~2021년 9월 8일까지 100일간 대통령 관련 보도 전부를 대상으로 했다. 한국은 문재인 대통령이, 미국은 바이든 대통령이 집권한 시기다. 분석 시기를 이렇게 정한 것은 한-미 양국 대통령 모두 큰 정치적 변수 없이 통치행위를 한 기간이기 때문이다.

그럼에도 양국의 정치상황이 각기 다를 수밖에 없고(문재인 대통령은 집권 4년 차, 바이든은 1년 차) 대통령 뉴스밸류에 대한 판단도 서로 차이가 있기 때문에 이런 계량 분석은 일정한 한계가 있음을 감안할 수밖에 없다.[11]

---

10) 이 챕터는 필자가 2022년 '좋은 저널리즘 연구회'의 공동저술 『한국의 대통령 보도』에 기고했던 「한국과 미국 대통령 보도 어떻게 다른가」를 일부 수정하고 압축해 올린 것이다.

11) 2021년 미국은 바이든 대통령의 취임 첫해로 매우 다이내믹한 정국인 반면, 한국은 문재인 대통령의 집권 4년 차로 상대적으로 안정 국면이었던 기간이다. 같은 100일이더라도 대통령 발언과 활동에 대한 뉴스밸류 판단이 각기 다른 시기임을 감안해야 하는 한계가 있다.

1) 총 보도건수

보도건수

	NBC 〈Nightly News〉	KBS 〈뉴스9〉
리포트	83건	18건
단신	6건	7건
Total	89건	25건

보도량은 대통령이 뉴스밸류가 높은 정보를 얼마나 많이 생산하느냐와 직결된다. 100일간 NBC와 KBS 두 방송사 메인뉴스의 대통령 보도 건수를 보면 NBC 〈Nightly News〉가 총 89건이고 KBS 〈뉴스9〉은 25건이다. NBC 〈Nightly News〉가 KBS 〈뉴스9〉보다 3배 반 정도로 훨씬 많았는데 가장 큰 이유로는 바이든 대통령의 집권 첫해라는 시기적 특수성을 들 수 있다. 집권 초반기 모든 이슈에 대해 바이든의 입장이 주목되던 시기로 이 기간 NBC 〈Nightly News〉는 거의 매일 대통령 관련 뉴스를 다루고 있다.

반면 KBS는 대통령이 특별히 작정해서 발언하지 않는 날은 별도로 대통령 뉴스를 심지 않았다. 이 시기 문재인 대통령은 꼭 필요한 경우가 아니면 국내외 이슈에 대해 공개적 입장을 밝히는 것을 자제했다. 2022년 대선을 앞둔 민감한 시기인 데다 여권에 불리한 현안들이 많은 상황에서

자칫 대통령 발언이 정쟁의 빌미가 될까 봐 자제하는 경향이 뚜렷했다.[12]

---

12) 2021년 4월 재보궐선거에서 여당인 민주당은 서울시장, 부산시장 보궐선거에서 참패했
고 문재인 대통령의 지지율도 급격히 하락했다. 여론 지지율이 20%대까지 떨어지면서 문
대통령은 정치적으로 위축된 상황이었다.

2) 보도 길이

NBC 〈Nightly News〉는 2분에서 3분 사이 리포트가 37건으로 제일 많았고(41.6%), KBS는 50초에서 2분 미만 리포트가 8건(36.0%)으로 제일 많았다. 리포트의 길이는 담긴 정보의 양에 의해 결정되는데 통상적으로 지상파 뉴스에서 리포트는 50초~2분 미만 리포트가 제일 많다. 그다음이 2분~3분 리포트이고 3분 이상 리포트는 하루에 1개 정도만 편성되는데 그날 방송사 메인뉴스의 승부 아이템이라 할 수 있다. 당연히 뉴스밸류가 큰 주제를 선정한다. NBC 〈Nightly News〉는 3분 이상 대통령 뉴스가 15개로 전체 리포트의 16.9%를 차지한다. 반면, KBS는 1개로 4%에 그쳤다.

보도 길이

	NBC 〈Nightly News〉	KBS 〈뉴스9〉
50초 미만(단신)	6건	7건
50초~2분 미만(리포트)	31건	9건
2분 이상~3분 미만(리포트)	37건	8건
3분 이상(리포트)	15건	1건

미국방송이 대통령뉴스를 한국보다 중요하게 다룬다고 판단할 수도 있지만 미국방송의 뉴스 제작 관행에 주목할 필요가 있다. NBC 〈Nightly News〉의 3분 이상 리포트는 대통령 단일 주제보다는 혼합형 주제 리포트나 그날 주요 이슈에 대한 심층 리포트 성격이 대부분이다. 한국방송사의 경우 긴 리포트보다는 짧은 리포트를 많이 넣어 시청자의 집중력을 유지시키려는 경향이 있는 것도 감안돼야 할 것이다.

3) 편성 위치

편성 위치

	NBC 〈Nightly News〉	KBS 〈뉴스9〉
톱/톱블록	48건	7건
중반부	34건	17건
후반부	5건	1건

케이드와 푸트(1985)는 일반적으로 시청자는 그날 텔레비전 뉴스에 가장 먼저 보도되는 사안을 그날 중요한 기사로 여긴다고 설명했다. 대통령이 뉴스 전반부에 자주 등장하고 노출 횟수가 잦을수록 대통령은 대중들에게 중요한 인물로 인식된다.

분석기간 100일 동안 NBC 〈Nightly News〉에서 대통령 뉴스가 톱 혹은 톱블록[13]을 차지한 날은 48일이다. 거의 이틀에 한 번 꼴로 대통령 관련 소식이 톱을 차지한 것이다. 이 기간 바이든은 취임 1년 차 대통령으로서 국내외 정치, 안보, 경제 등에서 중요한 영향력을 행사하는 인물이었기에 거의 매일 메인뉴스 헤드라인을 장식했다.

---

13) 톱블록(Top block) 편성은 단일 주제로 연결된 2~4개 정도의 리포트 묶음을 말한다. 예를 들어 2021년 8월 26일 NBC 〈Nightly News〉의 경우 '아프가니스탄 주둔 미군에 대한 ISIS의 테러공격 첩보'를 톱으로 전하고 이어 바이든 대통령의 '단호한 군사적 대응'을 2번째로 배치했다. 이런 경우 대통령 발언이 더 중요할 수 있으나 논리적 순서상 처음 배치할 수 없어 2번이나 3번에 배치한 것으로 볼 수 있다.

반면 KBS 〈뉴스9〉의 경우는 대통령 뉴스가 톱블록보다는 중간블록에 위치한 경우가 많았다. 이 시기 대선 국면 등을 고려해 문 대통령이 뉴스 전면에 등장하는 것을 가급적 자제했기 때문으로 풀이된다. 주요 현안이 발생해도 불가피한 경우 아니면 입장을 밝히지 않아 대통령의 존재감이 약해진 시기였다.

한국방송 정치보도 VS 미국방송 정치보도

4) 리포트 주제 구성방식

리포트 주제 구성방식

	NBC 〈Nightly News〉	KBS 〈뉴스9〉
대통령 단일 주제(%)	32건(36%)	15건(60%)
혼합형 주제(%)	57건(64%)	10건(40%)

리포트 하나를 온전히 대통령의 말과 행동에 집중하는 '단일 주제' 리포트는 KBS 〈뉴스9〉이 60%로 NBC 〈Nightly News〉보다 비율 면에서 훨씬 많았다. 한국 정치기사의 전형적인 스트레이트 중심 보도 방식으로 '혼합형 주제'보다는 스트레이트 위주의 '단일 주제'에 치중하고 있다. 대통령 발언 위주로 전체 기사를 구성하고 다른 취재원은 넣더라도 간략하게 처리하는 경우가 많았다.

NBC 〈Nightly News〉는 혼합형 리포트가 64%를 차지했는데 특히 정당과 의회 상황, 대통령의 입장을 묶어 입체적으로 구성하는 정치보도가 많았다. 예를 들어 텍사스주 선거법 개정을 둘러싼 2021년 7월 13일 리포트를 보면 선거법 개정에 대한 바이든 대통령의 반대 발언, 텍사스주 하원의원과 텍사스 주지사, 상원의원 등 이해관계가 걸린 정치세력의 입장을

다각적으로 종합해 전체 맥락을 이해시키는 데 주력했다. [14]

[앵커]

언제, 어디서, 어떻게 투표할지 선거법 개정안을 둘러싸고 논란이 뜨거운 가운데 바이든 대통령은 오늘 공화당의 선거법안이 반미국적이자 민주주의에 대한 도전이라며 강한 어조로 비난했습니다. 2020 대선에 부정이 있었다는 주장도 잘못이라고 비판했습니다.

공화당이 장악하고 있는 텍사스주 의회에서 소수자(minority)의 투표권을 제한하려는 선거법 개정안이 추진되는 것에 맞서 민주당은 바이든 대통령이 이를 반드시 저지해 줄 것을 촉구했습니다.

텍사스주 의회 민주당원들은 이 법안의 통과를 저지하기 위해 워싱턴으로 집단 이동했고 공화당은 이들을 체포하라고 요구했습니다.

백악관 선임출입기자 피터 알렉산더가 자세한 내용을 보도합니다.

[리포트]

필라델피아를 방문한 바이든 대통령은 공화당이 주도하는 투표권 제한

---

14) 2021년 7월 텍사스 주의회는 다수당인 공화당이 주도하는 선거법 개정안 처리를 놓고 공화·민주 양당이 격렬하게 충돌했다. 공화당은 '우편투표' 및 '부재자투표', '24시간 투표' 등을 금지하는 선거법 개정안을 상정했는데 민주당은 이 법안을 저지하기 위해 본회의 정족수 미달 전법으로 맞섰다. 본회의 직전인 7월 12일 텍사스 주의회 민주당 의원 51명이 전세기를 타고 워싱턴으로 한꺼번에 이동해 버려 본회의를 무산시킨 것이다. 이들은 워싱턴에서 선거법 개정을 규탄하는 시위를 벌이고 해리스 부통령을 면담한 뒤 회기가 끝나서야 텍사스주로 귀환했다. 애벗 텍사스 주지사는 이들을 강력 비난하며 모두 체포하겠다고 엄포를 놓기도 했다.

법안을 강력하게 비난하면서 미국 민주주의가 위기에 처했다고 강하게 경고했습니다.

[바이든 대통령: "미국 각주와 도시, 그리고 하원에 있는 공화당 동료들에게 요청합니다. 신성한 투표권과 선거권을 훼손하려는 일련의 시도를 막을 수 있도록 결연히 일어서 주길 바랍니다. 부끄럽지도 않습니까?"]

바이든은 이제껏 볼 수 없었던 강한 어조로 전임 트럼프 대통령의 거짓 승리 주장을 비난했습니다.

[바이든 대통령: "2020 선거는 미국 역사상 가장 정교하게 치러진 선거입니다. 거대한 거짓이라는 트럼프 말은 거대한 거짓에 불과합니다."]

이 발언은 텍사스 공화당 의원들이 전세기편으로 워싱턴에 간 민주당 의원 51명을 체포해야 한다고 요구한 지 수 시간 만에 나온 발언입니다. 이들 민주당 의원은 선거법 개정안 통과에 필요한 본회의 정족수(quorom)를 무산시키기 위해 이 같은 행동을 한 것입니다.

[센프로니아 톰슨/텍사스 하원의원(민주당): "저에게 투표한 사람들을 위해, 그리고 제 헌법적 권한이 공화당으로부터 박탈당하지 않도록 행동할 것입니다."]

이 법안에는 우편투표 시 신분증을 제시를 의무화하는 조항, 그리고 차량

투표(drive through voting)나 심야투표 같은 사전투표를 없애는 조항이 들어 있습니다.

공화당은 그 법안이 투표권을 박탈하는 것이 아니라 오히려 보호하는 것이라며 민주당을 비난했습니다.

[테드 크루즈/텍사스 상원의원(공화당): "그들(민주당)은 우편투표의 유효성 확인을 원치 않습니다. 그렇기 때문에 반대하는 겁니다. 투표용지 서명이 유효한지 확인하는 것을 원치 않습니다. 텍사스주에서 투표행위의 기초적인 정확성을 강화하는 것을 원치 않습니다."]

텍사스 주지사(공화당)는 민주당 의원들이 잔재주를 부리는 것이라고 비난했습니다.

[그렉 애보트/텍사스 주지사: "텍사스인들이 싸움에서 달아나는 것은 가장 비텍사스적 행동입니다. 꽁무니 빼는 것입니다."]

해리스 부통령은 오늘밤 늦게 텍사스주 민주당 의원들을 만나 용기를 칭찬하면서 그들의 용기 있는 행동으로 이 이슈가 주목을 받게 됐다고 말했습니다.

[해리스 부통령: "I'm here to thank you."
"여러분들에게 감사를 표하기 위해 여기 왔습니다."]

연방 하원에서 민주당은 텍사스주 공화당의 선거법안을 저지할 수 있는 의석을 확보하지 못하고 있습니다. 연방 상원에서는 민주당 의원들이 자체 발의한 선거법 개정안을 통과시키려 하지만 이것도 어렵습니다.

[바이든 대통령: "우리는 절대 포기하지 않을 것입니다."]

상원 민주당 의원들은 법안을 통과시키기 위해 고심하고 있습니다. 법안을 통과시키려면 공화당 10명의 동조가 필요한데 이것은 현실적으로 불가능합니다.

대안으로는 필리버스터 조항을 삭제하는 방안이 있는데 이렇게 하려면 모든 민주당 상원들이 찬성해야 하는데 현재 2명이 반대하고 있습니다.

피터 알렉산더 기자였습니다.

이 리포트 구성방식과 대조되는 한국 방송뉴스의 대통령 리포트는 기본틀이 단일 주제로 대체로 다음과 같다. 대통령이 중요한 발언을 하면 우선 핵심 내용을 두세 줄로 압축해 앵커 멘트를 쓴다. 이어 리포트 본문을 쓰는데 대통령 발언을 중요한 순서대로 6하원칙을 정리하고 중간중간 대통령 육성(sound-bite) 두세 개를 잘라 넣는다. 마지막 부분에는 20~30초가량의 분석이나 전망을 담은 '클로징멘트'로 마무리한다. 기자 얼굴이 등장하는 '스탠드업(stand-up)'은 대개 마지막 문장으로 한다. 리포트 시간도 1분 30초에서 2분 정도로 모든 방송사가 비슷비슷하다. 전형적인 청와대 리포트 기사를 예시한다.

[앵커]
노무현 대통령이 오늘 청와대에서 재계 대표단과 만났습니다.

노 대통령은 시장개혁은 예정대로 추진하되 기업활동의 발목을 잡는 각종 규제는 과감하게 풀겠다고 약속했습니다.

○○○ 기자입니다.

[기자]
넉 달 만에 재계 대표들과 다시 만난 노무현 대통령은 그동안 서로 어렵고 긴 터널을 통과했다며 이제 새롭게 마음을 가다듬고 새출발하자고 말했습니다.

노 대통령은 이어 현재의 경제 위기를 놓고 각자 처한 위치에 따라서 서로 진단이 다른 것 같다면서 국민 모두가 공감할 수 있는 해법을 찾자고 말했습니다.

[노무현 대통령: "우리 경제의 어려움이나 문제들을 이렇게 분석해 보면 우리 경제문제를 둘러싼 논의가 꼭 정확한 것만은 아닌 것 같다. 실상으로는 조금 핵심을 비켜 나가 있는 것 아닌가…"]

한국방송 정치보도 VS 미국방송 정치보도

[기자]

노 대통령은 정경유착은 반드시 근절할 것이며 출자총액 제한 등 시장개
혁 정책도 당초 계획대로 추진할 것이라고 밝혔습니다.

하지만 원활한 기업활동을 가로막는 각종 규제는 과감하게 풀어 갈 것이
며 필요하다면 대통령이 직접 나서서 점검하겠다고 말했습니다.

또 일부 대기업 노조의 지나친 요구가 전체 노동계에 좋지 않은 영향을
미친다면서 노사 양측이 서로 해결책을 찾아야 한다고 강조했습니다.

노무현 대통령은 앞으로 교육인적자원 개발과 서비스업 육성을 통해 기
업들의 투자여건을 개선하는 데 최대한 노력하겠다고 말했습니다.

△△△뉴스 ○○○입니다.

대통령의 발언만 있고 다른 관련 정보들은 담겨져 있지 않다. 맥락이나
분석도 빈약하다. 전형적인 대통령 중심 단일구조 리포트다. 방송사 출
입기자들이 이 같은 기사 구조를 바꾸지 못하는 가장 큰 이유는 이전부터
써 오던 방식이라 익숙하기 때문이다. 선배 출입기자들이 썼던 관행이기
에 별 문제의식 없이 답습하고 데스크들도 별다른 토를 달지 않는다. 기
자나 데스크 모두 익숙하고 편하기에 고치려 하지 않는다. 2009년 필자
가 정치부장이 됐을 때 청와대 출입기자의 리포트 역시 나의 출입 시절과
크게 다르지 않았다. 좀 다르게 쓸 수 없을까 기자에게 물었는데 '다사도

비슷하게 쓴다', '달리 쓰면 데스크가 뭐라 할까 봐', '이 방식이 대통령 뉴스 전달에 가장 적합한 것 아니냐'는 대답이 나왔다.

5) 논조

보도논조

	NBC 〈Nightly News〉	KBS 〈뉴스9〉
중립적	64건(71.9%)	17건(68.0%)
긍정적	6건(6.7%)	5건(20.0%)
부정적	19건(21.3%)	3건(12.0%)

대통령 보도에서 중립적 논조가 두 방송사 모두 많았고 비율도 비슷했다. 부정적 논조는 NBC 〈Nightly News〉는 19건으로 21.3%, KBS는 3건으로 12.0%로 나타났다. 긍정적 보도는 각각 6건(6.7%), 5건(20.0%)으로 KBS가 비율적으로 높았다. NBC 〈Nightly News〉에서 부정적 논조가 많았던 것은 이 시기에 바이든의 섣부른 아프가니스탄 미군 철수 결정으로 부정적 여론이 급등했기 때문이다. NBC 〈Nightly News〉는 철군이 단행된 8월 중순부터 9월 초까지 매일 신랄하게 대통령 비판 보도를 이어 갔다. 대통령의 무책임한 철군 결정으로 아프가니스탄 정부가 급속히 붕괴되고 설상가상으로 미군에 대한 ISIS의 테러 공격으로 13명이 사망하면서 미국 여론은 최악으로 치달았다.

KBS의 경우 분석 기간 중 대통령을 작정하고 강하게 비판하는 보도는 찾을 수 없었다. 부정적 논조 보도의 한 예로 2021년 3월 '김상조 정책실장 경질' 보도를 들 수 있는데 '전격경질', '민심수습' 등의 표현으로 대통령의 단호한 의지를 부각하며 부정적 논조를 우회하는 표현을 사용했다.

6) 사운드바이트(sound-bite)

사운드바이트 개수

사운드바이트 수	NBC 〈Nightly News〉	KBS 〈뉴스9〉
없음	13건	17건
1개	43건	4건
2개 이상	33건	4건

사운드바이트(sound-bite)는 소리(sound)와 한입(bite)을 합친 말로 발화자(정치인, 전문가, 일반인 등)의 음성 중 중요한 부분을 잘라 사용한다(김성환, 2022). 방송뉴스의 대통령 사운드바이트는 음성과 표정, 이미지를 동시에 전달한다는 점에서 매우 유효한 정치 수단이기도 하다. 짧은 것은 2~3초, 길게는 20초 이상 사용하기도 한다.

분석결과를 보면 KBS는 절제된 대통령 사운드바이트 한두 개를 골라 20초 이내로 삽입하는 리포트가 대부분이었다. 대통령의 정제되지 않은 발언들은 가급적 사용을 자제하는 것이 한국방송사들의 관행이라 할 수 있다. 반면 NBC 〈Nightly News〉는 다양한 방식으로 대통령 사운드바이트를 활용하고 있는데 뉴스 당일 사운드바이트는 물론이고 그 이전 것도 찾아내 적극 활용하는 경우가 많다. 예를 들어 '백신 접종' 이슈 리포트에서 이전 바이든 대통령의 '안심해도 좋은 국면'이라는 사운드바이트를 찾아내 '말 바꾸기 행보'라는 식의 비판을 하는 경우다. 또 도어스테핑이나 행사장 등에서 나온 발언들도 자주 활용된다.

한국방송 정치보도 VS 미국방송 정치보도

권위주의 정부 시절 형성됐던 한국방송사들의 대통령 중심주의 보도 방식은 수십 년이 지난 지금도 잔재가 남아 있다. 출입처에서의 수동적 취재 관행도 별로 개선되지 않고 있다. 미국방송의 대통령 보도는 우리에게 상당한 시사점을 던져 주지만 상이한 언론 환경과 정치문화를 고려할 때 무작정 답습할 필요는 없을 것이다. 그럼에도 우리 방송의 대통령 보도의 문제점을 살피는 데는 상당한 의미가 있을 것이다. 매일매일의 관행에 함몰되지 말고 어느 방식이 더 최선인지 살펴볼 필요가 있다. 밤낮 가리지 않고 리포트를 해야 하는 방송기자들 입장에서도 좀 더 긴 호흡의 취재 시스템 마련이 필요하다.

현 시점에서 가장 진지하게 변화를 고민해야 할 과제는 대통령 중심적 리포트 방식을 개선하는 것이다. 대통령 발언과 동정 위주로 구성된 스트레이트 식 리포트는 필요한 경우엔 해야겠지만 지금처럼 천편일률적으로 모든 방송기자들이 비슷비슷하게 리포트하는 관행은 지양되어야 한다. 어느 방송사나 대통령 리포트는 거기서 거기라는 말이 나오는 것은 바람직하지 않다. 전달하고자 하는 메시지도 기자별로 차별성이 있어야 한다. 무엇보다 이슈 중심의 확장된 리포트를 적극적으로 개발할 필요가 있다. 단순한 대통령 대변자가 아닌 정치라는 큰 틀에서 대통령을 조망하려는 시각이 필요하다.

출입처 위주의 현 시스템에 대한 전반적 개선도 함께 논의되어야 한다. 대통령실은 그 특수성 때문에 출입기자가 계속 유지되어야 하겠지만 보도부문 전반적으로 출입처 시스템을 근본적으로 어떻게 재편할지 활발한 논의가 필요하다. 미국 언론사처럼 대통령실에 출입기자를 여러 명 등록해 놓고 이슈별로 폭넓게 인력을 운용하는 방안도 검토해 볼 가치는 있겠지만 우리 언론 환경을 고려할 때 현실적일지는 의문이다. 하나의 대안으로 대통령실이 출입기자 이외 다른 기자들에게도 더 개방적으로 취재 접근을 허용하도록 언론계 차원의 노력을 시도할 필요가 있다. 미국의 경우 대통령, 외교, 국방 등 주요 이슈별로 '비트(beat)'라고 불리는 영역 개념을 설정해 기자들이 비교적 자유롭게 다른 취재원들에게 접근하고 있다.

수동적 취재 시스템의 변화도 시급하다. 대통령실의 특성상 지금 같은 브리핑 위주의 기사 생산 방식은 불가피하지만 출입기자들이 더 공격적으로 취재원에 접근해야 한다. 꼭 기자실에 머무를 필요가 없는 기자들은 밖으로 나와 관련 이익단체나 정책 연구기관 같은 곳을 적극적으로 취재해야 한다. 그래야 다양한 시각의 기사가 나오고 특종도 건질 수 있다. 어느 나라든 권력자들은 자신에게 유리한 정보만 공개하는 법이다. 아쉬울 때는 기자를 찾지만 곤란할 때는 기자를 피한다. 이런 관행을 끊어내기 위해선 기자들의 강한 목소리와 용기가 필요하다. 기자는 어느 경우든 취재원이 아닌 국민을 위해 복무한다는 것을 잊지 말아야 한다.

5

선거보도와 선거방송,
어떻게 다른가?

선거에서 승패를 가르는 핵심은 무엇일까?

후보자에 대한 정보를 어떻게 상대보다 효과적으로 유권자에게 전달하느냐가 핵심이다.

후보들은 대중 앞에서 직접 자신을 알리기도 하지만 공간적, 시간적으로 한계가 있기에 현실적으로 가장 큰 영향력을 행사하는 TV에 대부분 의존할 수밖에 없다.

유권자들 역시 직접 후보들을 대면하기 어렵기에 주로 TV화면을 통해 후보들에 관해 알게 된다.

대부분의 유권자들은 자신이 살아온 경험이나 지식에 기반해 정당과 후보를 판단하다고 생각한다. 하지만 실제로는 미디어가 전달하는 정보나 메시지에 의존하는 경우가 훨씬 많다(윤장렬, 2024). 신문보다 TV가 후보자의 특성을 훨씬 더 잘 전달하는데 이는 TV화면을 통해 비치는 후보의 모습이 신문보다 훨씬 직관적이기 때문이다. 신문은 TV보다 깊이 있고 폭 넓은 정보를 전달할 순 있지만, 유권자들은 시간과 에너지를 들여 가며 신문을 보기보다는 집에서 편하게 앉아 TV화면을 보는 것을 선호한다.

1) 한국 선거보도의 특징

우리나라의 선거보도의 가장 큰 문제점은 지나친 승패 위주 보도와 선두다툼에 대한 경마식 보도이다. 마치 싸움 구경을 연상시킬 정도로 후보들의 경합이나 다툼 이야기가 선거 뉴스의 대부분을 차지한다. 어느 지역구에서 누가 공천을 받고, 어떤 뒷얘기가 있다는 등의 사람 기사들이 너무 많다. 이런 보도는 시청자의 흥미를 유발할 수는 있지만 정치의 본질과는 동떨어진 경우가 많다. 정당과 후보의 핵심 공약은 무엇인지, 시대정신을 잘 구현하는 후보는 누구인지, 선거의 규칙이나 절차에 문제는 없는지 등 정치의 본질에 관한 언급은 빈약하다.

두 번째 문제점은 지나친 '전략 프레임'이다. 게임의 관점에서 승자와 패자만 구분하는 식으로 선거를 보도한다. 승패에 집중하다 보니 자연스레 지지율이 높은 후보가 비중 있게 보도된다. 그렇지 못한 후보는 좋은 정책과 품성을 갖췄음에도 언론의 주목을 받지 못해 더욱 열세에 놓인다. 후보들의 정책과 철학, 아이디어에 집중하기보다는 외연적 이미지 같은 피상적 측면을 부각한다.

세 번째는 '공정성' 문제다. 우리나라 방송에서 공정성 문제는 오랜 기간 핵심문제로 지적돼 왔다. 90년대 후반까지만 해도 방송 3사(KBS, MBC, SBS)의 선거보도는 여당 후보를 야당 후보보다 양적으로 많이 보도하는 사례가 비일비재했다. 내용의 적절성에서도 균형을 이루지 못했다. 이 같은 편파보도는 2000년대 들어 점차 개선되었는데 대안으로 등장한 것이 '기계적 공정성'이다. 보도의 양적 측면에서 철저히 시간적 균형을 맞춰 시비 소지를 줄이는 것이다. 하지만 이 또한 실체적 진실 추구 노력은 외면한 채 형식적 균형에만 치중하다는 비판을 받고 있다. 기계적 균형이 또 다른 불공정을 유발한다는 지적이 나오는 것이다. 하지만, 현실적으로 방송사들이 정파적 시비에 휘말리지 않기 위한 불가피한 선택이라는 의견이 지배적이다.

■ **방송사들의 개표방송 전쟁**

선거 개표방송에서 방송사는 신문사나 통신사 같은 다른 미디어와 비교 불가의 압도적 우위를 차지하고 있다. 투표 당일 방송사들이 펼치는 화려한 개표방송은 가히 선거보도의 꽃이자 범국가적 프로그램이라 할 수 있다. 개표방송은 평소 정치에 관심 없는 사람조차 붙들어 둘 정도로 흥미진진하고 긴장감이 넘친다. MBC, KBS, SBS 지상파 3사는 투표 당일 합동출구조사를 실시한 뒤 투표 종료 직후 일제히 출구조사 결과를 발표한다.

한국 방송사들의 개표방송은 해외에서도 관심을 기울일 정도로 화려하고 다채롭다. 스토리텔링과 인공지능(AI), 정보통신기술(ICT) 등 최신 방송 기술의 집합체라 할 수 있다. 특히 화려한 그래픽이 화제가 되는데, 인기영화나 드라마를 패러디한 장면, 유머 넘치는 자막, 기상천외한 화면 전개는 시청자의 관심을 집중시킨다. CG를 활용한 합성 이미지나 패러디물도 개표방송을 흥미진진하게 만든다.

방송사들은 대개 1년 전부터는 선거방송팀을 꾸려 개표방송을 준비한다. 치열한 시청률 경쟁에서 이기기 위해 다양한 분야 전문인력들을 모은다. KBS, MBC, SBS 지상파 3사의 개표방송 경쟁은 '누가 누가 잘하나' 국민적 관심사이기도 하다. 지상파 3사는 출구조사는 공동으로 진행하지만, 개표방송은 각사의 역량을 총동원해 차별화된 프로그램을 만든다. SBS의 경우 2024년 22대 총선 개표방송 준비에 투입된 전담인력이 60여 명이고 선거 당일 참여한 총인원은 200명 규모로 알려지고 있다.

SBS 22대 총선 개표방송. 익살스런 CG그래픽으로 시선을 끌었다.
(SBS, 2024.4.10. 캡처)

22대 총선 개표방송에서는 MBC가 가장 높은 시청률을 기록한 것으로 집계됐다. 시청률 조사회사 '닐슨코리아'에 따르면 MBC 선거 방송 〈선택

2024〉는 시청률 10.4%(수도권 가구 기준)로 1위를 차지했다. MBC는 보도자료를 통해 이 수치는 동시간대 방송을 진행한 경쟁사들보다 2배 이상 앞선 수치라고 밝혔다.

MBC 총선 개표방송(2024.4.10.)

2022년의 대선 개표방송에서 시청률 1위를 차지했던 KBS는 2024 총선에는 2위를 차지했다. 평균 시청률 5.32%에, 자체 최고 시청률 7.5%로 집계됐다. SBS 개표방송 〈2024 국민의 선택 특집 SBS 8뉴스〉는 6.2%, 〈2024 국민의 선택〉 2부, 4부, 5부는 각각 3.7%, 5.7%, 3.8%인 것으로 조사됐다.

지상파 3사의 유튜브 개표방송 승자도 MBC였다. 총선 개표 당일 저녁 8시 30분 기준 MBC 유튜브 라이브 최고 접속자 수는 12만 명, SBS는 4만 명, KBS 8,100명인 것으로 조사됐다. 종합편성채널 중에선 채널A 개표방송이 가장 높은 시청률을 기록했다. 채널A의 〈특집뉴스A〉가 2.7%로 집계돼 이날 종편 프로그램 중에서 1위를 차지했다.

■ 개표방송과 출구조사

2024 총선 개표방송에서 지상파 3사의 출구조사는 실제 수치와 적지 않은 차이를 보였다. 공동 출구조사 데이터를 근거로 지상파 3사는 자체적으로 여야 의석수 예측치를 냈는데 민주당·민주연합 합산 의석수를 KBS는 178~196석으로, MBC는 184~197석, SBS도 183~197석으로 발표했다. 국민의힘·국민의미래 의석수는 87~105석(KBS), 85~99석(MBC), 85~100석(SBS)으로 예측했다. 실제개표 수치와 상당한 차이였다. 지역구 득표 1위 후보자 예측도 실제 결과와 차이가 제법 있었다. 지역구 254개 중 출구조사 결과와 실제 당선자가 다른 지역구가 18곳이었다.

투표 마감과 동시에 자체 예측조사를 발표한 JTBC는 여야 의석수 범위를 보다 정확히 예측해 주목을 받았다. JTBC는 지역구와 비례대표를 합산해 민주당이 168~193석, 국민의힘이 87~111석을 얻을 것으로 예측했다. JTBC는 "이전 선거의 출구조사 경험을 축적해 22대 총선에서 보다 정확한 예측을 할 수 있는 메타분석 기법을 도입했다. JTBC가 별도로 실시한 심층 여론조사 결과와 중앙여론조사심의위원회에 등록된 모든 여론조사 관련 데이터, 과거 선거 결과 데이터 등을 메타분석 알고리즘을 통해 전수 분석했다"고 설명했다(『미디어오늘』, 2024. 4. 11.).

지상파 3사의 출구조사 예측이 빗나간 이유로는 역대 총선 최고치였던 사전투표율(31.3%)이 꼽힌다. 사전투표는 출구조사를 할 수 없고, 전화조사로만 결과를 보정할 수 있는 한계가 있다. 또 전국이 하나의 모집단인 대선에 비해 254개의 많은 선거구를 대상으로 각각 출구조사를 해야 하니 그만큼 예측의 정확도가 떨어질 수밖에 없다.

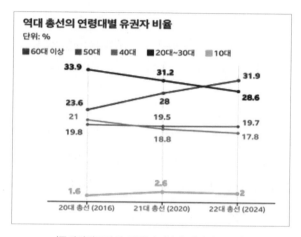

(국회입법조사처, 행정안전부 홈페이지, 2024)

일반적으로 사전투표에서는 진보 성향 유권자들의 비율이 높은 것으로 알려져 왔지만, 최근의 투표에서는 반드시 그렇지만은 않다는 의견도 많다. 최근 60대 연령 유권자들의 사전투표율이 높아지고 있는데 60대의 지지 성향이 이전의 보수 우세 성향과는 달리 진보 성향이 점점 많아지고 있다는 분석이다. 60년대에 태어난 이른바 '386 세대'가 60대 연령에 접어들어서 선배 세대들처럼 보수화되기보다는 젊은 시절 체득한 진보 지지 성향을 집단적으로 유지해 가는 이른바 '코호트(Cohort) 효과'가 '연령 효

한국방송 정치보도 VS 미국방송 정치보도

과'를 압도한다는 것이다. 이 같은 요인들로 출구조사가 가지고 있는 위험성과 예측 불확실성이 커지고 있지만 뚜렷한 보완책은 아직 없는 상황이다.

■ 선거보도의 공정성 문제

정부 수립 이후 한국방송 선거보도에서 가장 논란이 되어 온 것은 공정성 이슈다. 주로 집권 여당에 편파적인 보도가 문제가 되어 왔다. 예를 들어 대통령 선거보도에서 여당 후보 기사를 야당 후보보다 더 많이 보도하거나 더 우호적 논조로 전하는 방식 등이다. 보도용어의 객관성이나 선정성에 있어서도 차이를 보이는 경우가 많았다. 여당 후보에게는 긍정적 서술어를, 야당 후보에게는 그 반대인 식이다. 방송 편집에서도 여당 후보는 긍정적 모습을 돋보이게 하고 야당 후보는 덜 긍정적으로 보이게 한다. 여당 후보의 유세집회는 사람이 꽉 찬 부감샷을 쓰고 야당 후보의 경우엔 사람들이 덜 모인 것처럼 편집하는 방식 등이 불공정성 사례로 지적되어 왔다.

이 같은 불공정 선거보도 관행은 권위주의 시절 매우 심각한 수준이었다가 90년대 이후 방송 민주화가 진행되면서 점차 줄었다. 노골적 편파 기사도 많이 줄었고 영상 편집에서도 여야 간 기계적 균형을 맞추고자 노력했다. 하지만 선악이나 가치에 대한 판단 없이 일률적으로 동일한 잣대를 대는 것이 과연 공정한 것이냐에 대한 논쟁은 여전히 지속되고 있다.

방송사 선거보도 준칙

선거보도에서의 공정성을 지키기 위해 KBS와 MBC 등 주요 방송사들은 선거보도 준칙을 제정해 운용해 왔다. 이 준칙들이 현실적으로 완벽하게 준수되지는 못하더라도 방송사 구성원들은 선거방송의 형평성·공정성 시비를 피하기 위해 최대한 준수 노력을 해야 할 의무가 있다.

〈KBS 20대 국회의원 선거보도 준칙〉

제3조(선거보도의 원칙)

① (정확성) 확인된 사실을 보도하는 것을 원칙으로 한다.

② (객관성) 후보자나 정당의 정책과 주장, 쟁점에 대해서는 정치적 중립성을 견지하며 객관적으로 보도한다.

③ (공정성) 후보자가 난립할 경우 주요 정당 소속 여부나 지지율을 감안하되 군소 후보들에 대해서도 적절한 기회를 부여하도록 노력한다.

제4조(후보자와 시청자 등의 권리 보장)

① 선거보도는 정당의 정책과 후보자의 공약에 대한 객관적 평가를 중심으로 하여야 한다.

② 후보자의 사생활에 관한 보도는 해당 공직수행의 자격을 판단한다는 검증 목적에 부합하여야 한다.

③ 선거보도는 유권자들의 올바른 선택에 도움이 될 수 있도록 객관적이고 공정한 여론형성을 추구하여야 한다.

제5조(취재대상자의 권리 보호)

① 취재대상자의 동의를 받지 않은 녹취 또는 녹화는 방송에 사용하지 않는 것을 원칙으로 한다. 단 유권자의 판단에 도움이 된다고 인정되는 경우 법률전문가의 자문을 받아 사용할 수 있다.

② 취재대상자의 자택이나 사무실 등 사적인 공간에서 취재할 경우에는 사전에 당사자의 동의를 받아야 한다. 다만, 긴급한 경우에는 그렇지 아니할 수 있다.

2) 미국의 선거보도

　오랜 민주주의 역사를 지닌 미국은 건국 이후 줄곧 민주적 방식에 입각한 선거를 실시해 왔다. 대통령 선거, 상·하원 선거, 주지사, 지방의회 선거 등 각종 선거가 지속적으로 치러졌고 당연히 언론들도 쉬지 않고 선거보도를 해 왔다. 미국방송의 선거보도 역사는 20세기 초 시작됐고 이후 백 년 이상의 오랜 경험을 축적해 왔다. 그래서 미국방송사의 선거보도는 전 세계 방송사 선거보도의 표준처럼 여겨져 왔다. 특히 미국 대선 개표방송에서 CNN, NBC, CBS 등 메이저 방송사들이 펼치는 개표방송 경쟁은 다른 나라 방송사들의 벤치마킹 대상이기도 했다. 화려한 개표실황 중계와 스타 기자들의 유려한 언변, 전문가들의 예리한 분석은 미국 선거 방송의 하이라이트라고 할 수 있다.

■ 선거보도와 가이드라인

　미국의 주요 언론사들은 각 사별로 선거보도 가이드라인을 제정해 준수하고 있다. 대표적 지상파 방송사인 NBC도 자체 선거보도 가이드라인을 갖고 있다. 주요 내용을 정리하면 다음과 같다.

　△ **공정과 균형(Fair and Balanced Coverage)**: 공정하고 편향되지 않게 취재해야 한다. 후보와 정당, 선거이슈에 대해 균형 잡힌 시각을 견

지해야 한다.

△ **정확성과 철저한 검증(Accuracy and Verification)**: 보도하는 내용의 정확성을 확인해야 한다. 믿을 만한 취재원(source)에 의존해야 한다. 시청자에게 전달되는 정보가 믿을 만한 것인지 보도 이전에 팩트체킹 절차를 거쳐야 한다.

△ **포괄적 취재(Comprehensive Coverage)**: 선거기간 중 실시간 상황 업데이트, 판세분석은 물론, 지역선거, 전국선거, 국제선거 등에 관해 포괄적 커버를 한다. 주요선거의 경우 예비선거(프라이머리, 코커스), 토론회는 물론 개표상황까지 커버한다.

△ **전문가 분석(Expert Analysis)**: 깊이 있는 선거분석과 해설을 위해 정치전문가, 권위 있는 학자, 해설위원 등이 출연한다. 이들 전문가는 유권자 인구분석, 후보의 선거전략, 여론조사 데이터, 선거 결과에 대해 심층해설한다.

△ **유권자에 대한 정보 전달과 교육(Voter Education and Information)**: NBC는 시청자들에게 선거절차, 유권자 등록 마감일, 투표절차, 선거의 중요 이슈 등에 대해 정확한 정보를 제공하고 알려 줘야 한다.

△ **비정파적 입장 준수(Non-Partisanship)**: NBC는 중도적이고 비정파적 입장을 견지하지만, 각각 해설가나 출연자들은 각자의 의견을 전달할 수 있다. 분석과 뉴스보도를 분리해야 한다.

이 같은 가이드라인은 가장 기본적인 원칙을 정한 것으로, 상황에 따라, 뉴스 시점에 따라, 또 보도 수뇌부의 결정에 따라 달라질 수 있다는 것이 NBC의 설명이다. 선거보도 가이드라인은 중요한 선거가 있을 때마다 업데이트되고 일부 내용은 수정되기도 한다(NBC.com, 2024).

오랜 선거보도 역사와 엄격한 가이드라인에도 불구하고 미국의 선거보도 역시 여러 문제점을 안고 있다. 과도한 속보경쟁과 정책 검증 부족, 여론조사 보도에 대한 정확성과 공정성 시비 등이 대표적 문제로 지적되고 있다. 특히 여론조사는 미국이 사실상 여론조사 원조국임에도 불구하고 선거 때마다 정확성, 공정성 시비가 우리나라 못지않게 불거진다. 정치권 및 유권자들의 정치적 편향성과도 연계돼 늘 시빗거리가 된다. 선거 때마다 여론조사 기관이 난립하고 여론조사 공표가 들쑥날쑥 발표되는 것도 우리와 유사하다. 특히 신뢰성 문제가 가장 뜨거운 쟁점이 되고 있다.

우리나라의 경우 선거일 7일 전부터는 여론조사 결과에 대한 보도가 금지되는 이른바 블랙아웃(black-out) 기간이 있지만 미국은 이런 제한이 없다. 투표 직전까지도 여론조사 내용을 공표할 수 있다. 유권자들은 언제든 정확한 정보를 알 권리가 있다는 미국적 사고방식에 기인한 것이다. 그러나 완벽하지 않은 여론조사가 선거판의 혼란을 가중시킨다는 비판도 나온다. 우리처럼 우후죽순 난립하는 군소 여론조사 기관에 대한 우려도 심각하다. 그래서 최근에는 불확실한 미래를 예측하는 여론조사보다는 차라리 더 많은 선거 현장의 모습을 보도하는 것에 방점을 둬야 한다는 지적이 나온다. 예측보도가 불가피하다면 그 한계를 인정하고 언론 스스로 적절한 균형점을 찾아야 한다는 목소리도 커지고 있다.

한국방송 정치보도 VS 미국방송 정치보도

■ 미국의 개표방송

한국방송사들의 개표방송이 시청률 경쟁에 치중한 나머지 선거 상황을 너무 희화화(戱畫化)하고 있다는 지적을 받는 반면, 미국 메이저 방송사들의 개표방송은 우리보다는 상대적으로 차분하다. 우리 방송처럼 과도한 인물 애니메이션이나 후보들을 희화화하는 경우는 찾아보기 어렵다. 미국의 선거방송은 데이터를 기반으로 전문가 출연을 통한 분석과 전망을 전달하는 방식이 많다. 흥미 위주보다는 설명과 심층분석의 개표방송이 주를 이룬다.

2022 미국 중간선거와 개표방송

중간선거는 4년 임기의 미국 대통령 집권 2년 차에 실시된다. 상·하양원의원 및 공직자를 뽑는 선거인데,[15] 대통령 임기 중간에 실시되는 선거라 '중간선거'라는 명칭이 붙었다. 2022년 중간선거에서는 상원의원 100명 가운데 35명, 하원의원 전체 435명, 50개 주 가운데 36개 주의 주지사를 선출했다. 선거 결과에 따라 대통령 집권 후반기 국정 장악력이 좌우되기에 각 당이 총력을 다해 선거를 치른다.

2022년 11월 8일 치러진 중간선거의 최종 결과는 상원에서 민주당이 51석, 하원에서는 공화당이 222석을 얻었다. 상원은 민주당이 다수당, 하

---

15) 영어 표기: 2022 Off-year election

원은 공화당이 다수당을 차지함으로써 의회 권력 양분 구도가 확정됐다. 당초 공화당이 상·하원 모두를 차지할 것이라는 전망이 우세했으나, 민주당의 상원 승리로 2002년 이후 20년 만에 집권당이 압도적 패배를 면한 첫 선거가 됐다. 특히 민주당 소속 대통령이 첫 중간선거에서 상원 다수당을 지킨 것은 1962년 존 F. 케네디 대통령 이후 60년 만이었다.

박빙의 접전을 벌인 이 중간선거에서 미국방송사들의 개표방송은 한국방송사의 화려한 개표방송와 비교할 때 훨씬 단조롭다고 평할 수 있다. CNN 등 메이저 방송사들의 개표방송은 민주-공화 양당이 각각 앞서는 지역을 빨간색(공화)과 파란색(민주)으로 표시한 미국 지도를 화면에 반복적으로 띄우고 앵커와 기자가 차분하게 분석 설명하는 방식이 주를 이루었다.

2022 미국 중간선거 CNN 개표방송(CNN 방송화면 캡처)

대체적으로 차분하게 진행된 2022 중간선거 개표방송이었지만 2년 전의 2020 대선 때보다는 가상현실 세트를 많이 사용한 점이 차별점이었다. CBS는 뉴욕 타임스퀘어에 위치한 스튜디오와 외부를 연결하는 가상세트를 구축해 선거 개표 데이터를 입체적으로 전달하는 방식으로 눈길

한국방송 정치보도 VS 미국방송 정치보도

을 끌기도 했다.

미 CBS 개표방송 AR그래픽으로 만든 타임스퀘어 가상현실 세트
(CBS 방송화면 캡처)

BOX 2022년 미 중간선거 개표방송 시청률

2022년 중간선거의 경우 투표 당일인 11월 8일 저녁 황금시간대(오후 8시~11
시)에 약 2,540만 명의 미국인들이 주요 방송사 13곳의 TV생방송을 통해 개표
를 지켜봤다. 황금시간대 시청률 1위는 보수매체인 FOX NEWS로 720만 명이
시청했고 이어 ABC가 330만 명, MSNBC가 320만 명, NBC가 310만 명, CNN
이 260만 명으로 뒤를 이었다.[16] 이는 진보 성향의 방송채널은 여러 개인 반면
보수 성향 채널은 사실상 FOX NEWS가 유일하다는 점이 작용했기 때문이다.
2020년 대통령 선거 개표방송에서도 FOX NEWS가 1위를 차지했다. 『아드위크
(ADWEEK)』의 보도에 따르면 넬슨 자료를 토대로 FOX NEWS는 1,370만 명, 2
위 CNN은 910만 명, 3위 MSNBC는 710만 명 순으로 나타났다.[17] 이 역시 보수
성향 채널이 사실상 FOX NEWS가 유일한 데 따른 결과로 분석된다.

---

16) 「A rare win for MSNBC over CNN in the election night rating battel」, 『New York Times』,
2022.11.9.

17) 「Election Night Coverage Draws 56.9 Million Viewers Across 21 Networks」, 『ADWEEK』,
2020.11.4.

■ 미국 선거와 TV광고

우리나라는 공식 선거운동기간을 따로 정해 이 기간에만 후보자들이 방송이나 신문 광고를 할 수 있다. 그리고 사전선거운동에 대해서는 여러 엄격한 규제조항이 있다. 이에 반해 미국은 선거운동 기간의 제한이 없다. 사전선거운동 규제조항 같은 것이 아예 없어 사실상 언제나 선거운동이 가능하다. 선거운동 방법으로는 홍보 문건이나 포스터, 연설회, 방송, 호별 방문 등이 주를 이룬다. 방법에 대해서도 특별한 제한이 없어 사실상 언제든 자유롭게 선거운동이 이루어진다. 이는 그만큼 천문학적 선거 비용이 필요하다는 것을 의미한다. 선거 비용 중 가장 큰 비중을 차지하는 것은 TV광고다.

선거자금 규제도 느슨하다. 한국의 선거자금은 정해진 '기간', 정해진 '사람'들이 정해진 '용도'로만 사용할 수 있다. 하지만 미국은 이런 제한이 사실상 없다. 규제가 느슨한 이유는 돈을 부정하게 생각하지 않는 문화, 그리고 정치적 의사표시를 제한해선 안 된다는 의식 때문이다. 미 연방 대법원은 지난 50년 동안 선거자금을 규제하려는 수차례의 입법적 시도에 대해 줄곧 위헌이라고 판결해 왔다. 이러다 보니 선거자금 규모가 커지는 것은 당연하다. 2016년 대선에서 우리 기준으로 5,716억 원을 사용한 트럼프는 2020년 선거에서는 2배가 넘는 1조4,362억 원을 썼다. 바이든 대통령도 2020년 대선에서 2조 원 넘게 사용했다(김동석, 2024).

미국 대선에서 승패의 결정적 역할을 하는 것은 TV광고다. 땅이 넓다 보니 후보의 지역 유세가 한계가 있기 때문이다. TV광고는 전 국민을 상대로 하는 가장 효과적인 선거운동 수단이다. 후보들은 자신의 업적과 공약 홍보는 물론 상대방을 비방하는 내용의 광고도 많이 한다. 출연자들도 다양해 후보 본인은 물론이고 부통령이나 스타 의원 등 정치인, 그리고 일반 시민들도 등장한다.

BOX **최초의 TV 정치광고**

미국 TV에 정치광고가 등장한 것은 1952년 대통령 선거 당시 공화당 후보였던 드와이트 아이젠하워의 TV광고가 처음이다. 디즈니社가 제작한 이 정치광고는 공화당을 상징하는 코끼리와 아이젠하워의 애칭인 IKE가 적힌 깃발이 등장하는 60초 분량의 흑백 광고물이다. 경쾌한 배경음악과 함께 2차대전의 전쟁영웅 'IKE' 를 반복적으로 보여 줘 시청자들에게 '대통령은 곧 IKE('IKE FOR PRESIDENT')' 라는 이미지를 각인시켰다. 이 광고는 기대 이상의 효과를 보이며 아이젠하워의 대선 승리에 크게 기여했다. 이후 미국의 대선은 물론 상원, 하원, 주지사 등 주요 선거에서 TV광고가 핵심 역할을 하기 시작했다(Polsby · Aaron, 2023).

1952년 대선 당시 아이젠하워 후보 TV광고. 공화당 상징동물인 코끼리와 아이젠하워의 애칭인 IKE가 적힌 배너가 보인다.
(YOUTUBE, https://www.youtube.com/watch?v−YP7WaUPACuY)

TV광고에 투입되는 비용은 갈수록 증가해 선거가 치러질 때 마다 종전 기록을 갱신하곤 했다. 2000년 들어서는 천문학적 규모로 증가했는데 2000년 대선 당시 공화당 후보 조지 부시와 민주당 후보 엘 고어는 1억 6,000만 달러에 달하는 광고비를 지출한 것으로 알려졌다. 이 중 부시가 8,600만 달러를, 고어는 7,700만 달러를 지출했다. 2020년 대선에서 바이든과 트럼프 두 후보는 선거비용으로 총 183억 4,000만 달러를 지출했는데 TV광고가 상당 부분을 차지했다. 2024년 대선에서 바이든 후보는 사퇴 직전까지 TV광고에 5억 8,270만 달러(한화 약 6,780억 원)를 지출했다 (오남석, 2024. 10. 28.).

대선 광고는 '후보자 광고'와 '정당 광고'로 나눌 수 있는데 2004년 대선 (공화당 조지 부시 vs 민주당 존 케리) 때는 후보자들보다 정당의 광고비 지출이 더 많았다. 정당이 7,990만 달러를 TV광고에 쓴 반면, 후보자 개인은 6,710만 달러를 TV광고에 집행한 것으로 알려졌다. 광고비를 줄이기 위해 접전이 예상되는 17개 주만 선정하여 집중적으로 광고를 집행했는데도 광고비 지출은 역대 최고치를 기록한 것이다(김동석, 2024).

2020년 대선에서는 바이든, 트럼프 두 후보가 TV광고에 지출한 비용이 15억 달러, 1조 7천억 원에 달했다. 이는 2016년 대선보다 3배 이상 커진 규모다. 특히 2020 대선은 코로나 국면에서 치러진 선거여서 사람들이 감염 우려로 대면 접촉을 꺼리다 보니 TV가 표심에 더 영향을 주었다는 분석이다.

TV광고는 보통 30초짜리 분량의 짧은 광고를 반복해서 사용한다. 최근에는 인터넷을 통한 선거광고가 많아지는 추세다. 유튜브에는 주로 2~3분 이상 긴 분량의 광고가 대부분이다. 또 페이스북, 트위터, 인스타그램 등 소셜미디어 광고도 많아지고 있다(박성민, 2023).

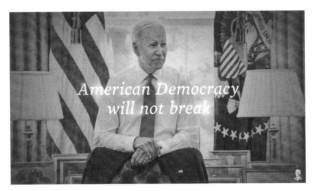

바이든 대통령 2024 선거 TV광고. '미국의 민주주의는 무너지지 않을 것이다'라는 타이틀로 결연한 의지를 보여 준다.(존 바이든 대선캠프 홈페이지 캡처)

도널드 트럼프의 2020년 대선 TV광고. '미국을 위대하게 만들자'는 타이틀을 내걸고 있다.(트럼프 대선캠프 홈페이지 캡처)

2024년 대선에서 재선에 도전한 바이든 대통령은 81세라는 고령을 의식해 첫 TV광고에서 자신이 나이가 든 것은 맞지만 국정지도자로서의 경륜과 성과는 뛰어나다는 메시지를 담았다.

> "보세요. 나는 젊은이는 아닙니다. 비밀도 아니죠. 하지만 나는 미국을 위해 성과를 내는 방법을 잘 알고 있습니다."

이 멘트를 담은 TV광고는 대선 승패를 가를 이른바 스윙스테이트(경합주)인 미시건, 펜실베이니아, 위스콘신, 애리조나, 조지아, 네바다, 노스캐롤라이나 등 7개주에서 집중 방영되었다. 『워싱턴포스트』는 여기 투입되는 비용만 3,000만 달러 규모라고 보도했다.

이에 맞서 트럼프 후보는 '미국을 다시 위대하게 만들자'는 구호를 강조하며 지지층 결집을 호소하는 광고를 내세웠다.

BOX **미국 선거와 정치활동위원회(PAC)**

미국에서 대통령 선거를 치르려면 천문학적 돈이 들어간다. 미국 선거는 어디에 얼마를 쓰든, 후원금을 얼마를 받든 돈 문제에 대해서는 사실상 제약이 거의 없다. 대선 자금을 조달하는 데 가장 중요한 역할을 하는 것은 PAC(Political Action Committee), '정치활동위원회'다. PAC은 특정 정치인이나 정치집단을 지지하는 사람들이 결성한 일종의 '정치 외곽 캠프'라 할 수 있다. 일종의 '팬클럽'이라 할 수 있는데 거의 모든 정치 지원활동이 가능하다는 점이 특징이다.

PAC은 1944년 미 산별노조위원회(CIO)가 프랭클린 루스벨트 당시 대통령의 재집권을 위한 자금을 마련하기 위해 결성한 것이 시초다. 이전까지 미국 법은 특정 노조가 개별 정치인에게 직접 자금을 기부하는 것을 금지했는데, CIO는 이 규제를 피하기 위해 PAC이란 단체를 만들어 이를 통해 돈을 모아 정치인을 지원한 것이다. 당시에는 연 5,000만 달러(약 650억 원)의 상한선이 존재했는데 2010년 연방대법원의 판결로 상한선이 사라졌다. 연방대법원은 "특정 후보자와 협의하지 않고 독립적으로 이뤄지는 정치광고에 필요한 기부액의 상한선은 없다"고 판결했다. 직접 후원이 아니라면 PAC을 통한 무제한 후원이 가능해진 것이다. 그래서 새롭게 등장한 용어가 슈퍼팩(Super PAC)이다. 슈퍼팩은 'Super Political Action Committee'의 약자로 직역하면 '특별정치활동위원회'가 된다. 슈퍼팩은 합법적으로 무제한 모금이 가능하다. 금액 상한선이 폐지되면서 정치자금을 무제한 모금할 수 있게 된 것이다.

슈퍼팩은 특정 후보나 정당을 지지한다는 점에서 PAC과 목적이 같지만 약간의 차이가 있다. PAC이 지지하는 후보를 공개적으로 표명하는 것과 달리 슈퍼팩은 지지 후보 및 정당과의 접촉이나 협의가 금지된다. 선거 캠프에도 소속되지 않는다. 일종의 정치 외곽 단체로 볼 수 있다. 직접적인 선거운동은 할 수 없지만 광고를 통해 지지 후보나 정당을 표명하는 것은 가능하다. 기부 액수에 제한이 없다 보니 기업인이나 자산가들이 거액을 기부하는 경우가 많다. 당연히 PAC보다 모금 단위가 크다. 물론 모금 내용을 세세히 공개해야 한다는 제약이 있지만 현실적으로 모금 액수가 선거의 승부를 좌우하다 보니 거물급 정치인도 모금을 위해 거부들에게 굽신거려야 하는 상황이 벌어지기도 한다(강우창, 2024).

법적으로 PAC는 해당 후보와 별개로 운영돼야 하지만 사실상 한 몸처럼 움직인다는 비판이 많다. 트럼프의 경우 자신을 후원하는 슈퍼팩 'MAGA(Make America Great Again, 미국을 다시 위대하게)' 모금 행사에 참석해 논란이 되기도 했다. 트럼프는 2023년 한 해에만 '미국 구하기 운동본부 PAC(Save America leadership PAC)', '미국 다시 위대하게 만들기 운동본부 PAC(Make American Great Again PAC)' 등 여러 PAC을 통해 730억 원의 변호사 비용을 조달했다. 트럼프는 성추문과 기업문서 조작 등 무려 34개의 혐의로 재판을 받고 있다. 트럼프는 당초 '애국자 변호비용 펀드(Patriot Legal Defense Fund)'라는 기금에서 돈을 조달했는데, 그 금액이 48억 원 정도에 불과하자 이들 PAC가 도움에 나선 것이다. 이들 단체는 트럼프에 대한 기소가 대통령 당선을 방해하기 위한 목적이기 때문에, 변호사 비용도 PAC의 정당한 정치활동이라고 주장한다.

■ 미국 대선과 TV토론

미국 대선 운동에서 가장 중요한 비중을 차지하는 것은 TV토론이다. 20세기 들어 TV의 영향력이 커지면서 TV토론이 선거당락의 제일 중요 변수로 등장한 것이다. 대표적 사례가 1960년 35대 대통령 존 F. 케네디 (민주당)다. 대선 당시 케네디는 43세의 정치 신인에 불과했고 상대방인 리처드 닉슨 부통령(공화당)은 정치적 경험이 풍부한 백전노장이었다. 대부분의 언론이 닉슨의 승리를 예견했지만 1960년 9월 26일 첫 TV토론 회부터 상황은 반전되기 시작했다. 케네디는 세련된 외모와 젊음, 자신 감 넘치는 화법을 TV화면을 통해 맘껏 드러냈다. 반면 닉슨은 시종 긴장 되고 경직된 모습과 어눌한 화법으로 점수를 잃었다. 케네디는 당시 흑백 TV화면 특성에 맞게 검은색 양복을 입어 깔끔하고 강렬한 인상을 과시했 다. 이에 반해 닉슨은 회색 양복으로 배경과 비슷한 색상이어서 존재감 이 위축된 모습이었다. 당시 두 후보의 표차가 박빙이었던 점을 고려할

1960년 9월 26일 첫 TV토론회. 왼쪽이 케네디, 우측이 닉슨이다. 케 네디 후보가 자신감 넘치는 표정인 반면 닉슨은 긴장되고 위축된 모 습이다.(『뉴욕타임스』)

때 TV토론이 아니었다면 케네디의 당선은 어려웠을 것이란 분석이 나온다(강우창, 2024). 이후 각종 선거에서 후보들은 TV에서 좋은 이미지를 보여 주기 위해 필사적인 노력을 기울여야 했다. 특히 박빙의 승부가 펼쳐지는 대통령 선거 국면에서는 사실상 TV토론이 승패를 결정짓는 변수로 작용하게 되었다.

(BOX) **TV토론과 팩트체크**

미국 선거 때마다 뜨거운 쟁점으로 부상하고 있는 이슈는 '팩트체크'다. 정치인들의 말은 '사실'과 '주장'의 경계가 모호한 경우가 많고 전체적으로는 진실이 아니지만 교묘하게 몇 가지 사실을 버무려 진실인 것처럼 호도하는 경우도 흔하다. 팩트체크가 본격 이슈화된 것은 2016년 트럼프-힐러리 대선 TV토론 때부터다. 두 후보의 당시 TV토론은 미국방송 역사상 가장 네거티브가 치열하게 오간 전장이었다. 당연히 가짜뉴스 공방이 뜨거웠다.

트럼프는 힐러리의 남편인 빌 클린턴의 과거 성추문 스캔들을 쏟아 냈다. 진실인지 여부와 상관없이 네거티브 공세가 계속되자 팩트체크가 이슈로 부상했다. 두 후보 간 TV토론은 세 차례 진행됐는데 그때마다 발언의 진위를 가리기 위한 팩트체킹 전쟁이 실시간으로 펼쳐졌다. 트럼프가 속사포처럼 쏟아 내는 말 가운데 사실과 다른 내용이 너무 많다는 것이 여러 팩트체크 기관들에 의해 드러났다. 유권자들은 언론의 실시간 팩트체킹 결과를 확인하고자 TV 화면 옆에 스마트폰이나 태블릿 PC를 갖다 놓기도 했다.

『뉴욕타임스』는 2016년 9월 26일 진행된 1차 토론에 18명의 기자를 동원해 팩트체크를 실시했다. 후보자 발언이 나온 지 5분 이내에 진실 여부를 판단하는 글을 속속 웹사이트에 올렸다.
『워싱턴포스트』는 이른바 '피노키오 지수'를 통해 발언이 어느 정도 거짓인지를 판정했다. 피노키오 하나는 '대체로 사실', 피노키오 둘은 '절반은 사실', 피노키오 셋은 '대체로 거짓'이고, 마지막으로 피노키오 넷은 '완전한 거짓'을 의미한다.

힐러리는 피노키오 지수 평균이 2.2였고, 트럼프는 3.4였다. 트럼프가 힐러리보다 거짓말을 더 자주 했다는 의미다(하재식, 2016).

2016년 9월 26일 대선후보 TV토론 시 『워싱턴포스트』의 팩트체킹 결과 힐러리보다 트럼프가 더 많은 '피노키오'를 얻었다. '피노키오' 숫자가 많을수록 더 많은 거짓말을 했음을 뜻한다.(워싱턴포스트 웹사이트 캡처)

팩트체크는 매우 중요한 일이지만 누가 '검증대상'을 선정할지, 검증의 공정성은 무언지를 둘러싸고 항상 논란이 된다. 언론이 특정 정치인이나 특정 정당에 대해서만 엄격한 잣대를 들이대도 공정성·편파성 시비에 휘둘린다.

2024 대선 TV토론: 바이든 vs 트럼프

2024년 11월 5일 실시된 미국 대선은 미 역사상 유례를 찾기 힘들 정도로 반전과 혼선이 거듭된 한 편의 드라마였다. 바이든 대통령의 후보 중도 사퇴와 해리스 부통령의 구원등판, 그리고 11월 6일 트럼프 후보의 승리 선언으로 대장정이 마무리되기까지 민주-공화 두 진영은 초박빙 구도 속에 혼전을 거듭하며 난타전을 이어 갔다. 엎치락뒤치락 판세가 요동칠

때마다 미국은 물론 전 세계가 땀을 쥐며 선거전을 지켜봐야 했다. 매 승부의 고비마다 결정적 역할을 한 것은 TV였다.

4년 만에 다시 맞붙은 바이든 대통령과 트럼프 후보의 첫 TV토론은 2024년 6월 27일 밤 9시(미국 동부시간) 애틀랜타의 CNN 스튜디오에서 90분간 진행됐다. 이날 토론에서 바이든은 정치인생 최악의 시간이었다는 평가가 나올 정도로 노쇠하고 형편없는 모습을 보여 주었다. 82살의 바이든은 쉰 목소리에 횡설수설은 물론 시종일관 어눌한 발음으로 심지어는 자신이 무슨 말을 하는지조차 모를 정도였다. 생기 없는 얼굴 표정에 깜박깜박하는 눈은 충격적이었다. 이날 토론의 주제는 경제, 안보, 이민 등 정책이 주였지만 정작 발언 내용은 뒷전이고 바이든의 신체건강과 정신 상태에 우려가 쏟아졌다. 바이든의 절친으로 알려진『워싱턴포스트(WP)』의 밥 우드워드 기자는 MSNBC 방송에 출연해 '첫 TV토론이 선거판에 수소폭탄을 터뜨렸다'고 표현했다. 또 바이든이 토론을 너무 못했기 때문에 후보 교체 요구는 피할 수 없을 것이라고 말했다.

CNN이 토론 종료 후 여론조사 기관 SSRS에 의뢰해 누가 우세했는지 질문한 결과 67%가 트럼프 후보로 답했다. 토론 이전에 이뤄진 여론조사 예측치(55%)와 크게 차이가 났다. 민주당은 물론 전국적으로 '바이든 사퇴론'이 비등했고 '트럼프 대세론'이 굳어졌다는 전망이 나오기 시작했다. 트럼프 진영은 승리를 축하하는 분위기가 높아졌다. 그럼에도 바이든은 후보직을 고수하겠다는 의지를 밝혀 민주당 지지자들의 우려와 반발을 샀다.

1차 TV토론에서 연거푸 말을 더듬는 바이든 대통령의 모습
(MBC뉴스 화면 캡처)

이런 와중에 2024년 7월 13일 펜실베이니아주 버틀러에서 발생한 트럼프 저격 사건은 대선 국면을 소용돌이로 몰아넣었다. 트럼프가 천우신조로 사망 위기를 모면하고 오히려 담대한 모습을 보여 주자 여론은 급격히 트럼프 우세로 기울었다. 총격 사건 이후 트럼프와 바이든 간 지지율 격차가 걷잡을 수 없이 벌어지자 후보 교체 요구 목소리는 더욱 커졌다. 결국 바이든 대통령은 2024년 7월 20일 대선 후보 직을 내려놓고 해리스 부통령을 대통령 후보로 지지한다는 성명을 발표했다.

해리스 vs 트럼프

해리스는 8월 2일 민주당 대의원 온라인 호명 투표에서 대통령 후보로 선출되는 데 필요한 과반 득표를 달성했다. 해리스가 후보로 확정되자 2

차 TV토론은 바이든 vs 트럼프가 아니라 해리스 vs 트럼프로 변경되었다. 당초 트럼프는 바이든과 9월 10일 ABC 방송이 주관하는 2차 TV토론을 하기로 합의했으나 해리스로 후보가 바뀌자 보수 성향의 FOX NEWS에서 토론을 해야 한다고 주장했다. 자신이 ABC 방송과 소송 중이기 때문에 이해 상충 문제가 있다는 것이다. 또 청중 없이 진행됐던 1차 TV토론 (CNN 주최)과 달리 FOX NEWS 주최 토론은 청중들로 가득 찬 상태서 진행돼야 한다고 주장했다. 그러면서 해리스 측이 이에 동의하지 않을 경우, 자신은 9월 4일 해리스와의 TV토론 대신 FOX NEWS가 주관하는 타운홀 미팅(후보가 유권자들을 만나 질문에 답하는 행사)에 나설 것이라고 밝혔다. 트럼프가 이런 주장을 하는 이유는 고령에다 인지력까지 저하된 바이든에 비해 해리스 부통령이 토론 상대로 훨씬 껄끄럽기 때문이다. 해리스 부통령은 트럼프보다 19살 어린 59세인 데다, 법정에서 수시로 논쟁을 해온 검사 출신이기에 토론서 불리할 수 있다는 계산 때문으로 보인다.

이에 대해 해리스 측은 기존 합의대로 ABC 방송에서 2차 TV토론을 해야 한다며 트럼프 요구를 일축했다. 해리스 캠프는 성명을 통해 '트럼프가 겁을 먹고 자신이 동의한 토론에서 발을 빼고 있다'며 '자신을 구해 달라고 FOX NEWS에 달려가고 있다'고 비판했다. 해리스 캠프로서는 '친트럼프 매체'인 FOX NEWS에서 토론을 진행할 경우 '기울어진 운동장'이 될 수 있다고 판단했기 때문이다. TV토론을 둘러싼 '샅바싸움'은 서로 한 치 양보 없이 신경전이 팽팽하게 이어졌다. 접점을 찾기 어려울 것 같았던 TV토론은 갑자기 트럼프 측에서 ABC 방송 토론 외에 FOX NEWS와 NBC 방송 토론을 더 하자고 제안하면서 기류가 변했다. 총합 3차례의 토론을 하자는 것이나.

트럼프 측이 이렇게 입장이 바뀐 것은 해리스 부통령의 상승세가 심상치 않다고 판단했기 때문이다. 바이든 사퇴 후 해리스는 '팀 월즈' 미네소타 주지사를 부통령으로 지명했는데 이후 급격히 지지율이 상승해 다수의 여론조사에서 트럼프를 앞서고 시작했다. 특히 경합주에서 역전 추세가 나타나면서 트럼프 진영은 비상이 걸렸다. 팽팽했던 TV토론 기싸움은 일단 9월 10일 ABC 방송 주최 TV토론에 양측이 합의하면서 일단락됐다.

해리스 vs 트럼프 1차 TV토론, 2024.9.10, ABC 주최
(MBC 뉴스 캡처)

9월 10일 해리스 vs 트럼프의 첫 TV토론 대결은 ABC 방송사 스튜디오가 아닌 필라델피아의 국립헌법센터(National Constitution Center)에서 열렸다. 이곳은 1787년 미합중국 헌법 제정 공포를 기념하기 위해 세운 건물로 미국 민주주의의 상징적 장소이다. 토론은 해리스가 전반적으로 선전했다는 평가가 많았다. 다만 수치상의 효과는 크지 않은 것으로 나타났다.

토론 종료 후 CNN이 긴급조사를 했는데, 양측 지지자들 가운데 입장을 바꾼다고 한 비율은 해리스 측 2%, 트럼프 측이 6%에 불과했다. 9월 22일 발표된 여론조사는 해리스가 트럼프를 근소하게 앞서는 것으로 조사됐다. CBS·유거브 조사(18~20일, 등록 유권자 3,129명 대상)에서 투표 의향이 있는 응답자 중 52%가 해리스, 48%가 트럼프에게 표를 던지겠다고 했다.

미 대선은 전국 단위 지지율보다 7개 경합주가 결과에 미치는 영향이 크기에 전국 여론조사 결과만으로 승리를 예단할 수는 없다. 2024 대선에서 7개 경합주는 미시간, 위스콘신, 네바다, 애리조나, 노스캐롤라이나, 펜실베이니아, 조지아다. 이 경합주들은 여론조사 공표와는 다른 이른바 '샤이 트럼프' 표가 많을 것으로 보여 결과를 낙관하기 어렵다. 개표장에서 실제 표를 열어 보면 다른 결과가 나올 가능성이 큰 지역이다.

ABC 방송의 해리스 vs 트럼프 1차 TV토론 공동진행자인 데이비드 무어(왼쪽)와 린지 데이비스(오른쪽) 앵커. 두 사람은 ABC의 〈월드 뉴스 투나잇〉을 진행하고 있다.(ABC 방송화면 캡처)

첫 TV토론에서 후보들 공방 못지않게 주목받았던 것은 ABC 토론 진행자가 두 후보의 발언 내용을 현장에서 바로 팩트체크해 사실 여부를 가리며 진행한 것이다. 데이비드 무어와 린지 데이비스 두 앵커는 단순한 진행자 역할을 넘어 토론 중간중간 후보 발언 내용을 팩트체크해 사실과 다른 점이 있으면 바로 지적했다. 낙태 문제와 관련해 트럼프가 '웨스트버지니아주에서는 태어난 아기를 죽일 수도 있다'는 취지로 말하자 데이비스 앵커는 '이 나라에서는 아기가 태어난 후 죽이는 것이 합법적인 주가 없다'고 바로잡았다. 또 트럼프가 '오하이오주 스프링필드에서 아이티 이민자가 개와 고양이를 잡아먹는다'고 말하자 무어 앵커는 '사실로 확인되지 않았다'고 지적했다. 무어 앵커는 또 트럼프에 대해 2021년 1월 6일 발생한 미 의회 폭동 사태에 대해 '책임감을 느끼지 않느냐'는 돌직구 질문을 던져 트럼프를 당황시켰다. 트럼프는 평화로운 방식으로 행진하라고 지시했다며 오히려 의회 안전과 질서 유지는 당시 하원의장인 낸시 팰로시 책임이라고 피해 갔다.

토론회가 끝나자 트럼프 캠프와 보수 진영에서는 '사회자가 트럼프에 대해서만 팩트체크하고 해리스 후보에 대해서는 그러지 않았다'며 강한 불만을 터뜨렸다. '트럼프가 1:3의 토론을 했다'는 비판까지 나왔다. 반면 해리스 캠프 진영에서는 앵커의 팩트체크를 크게 환영했다. 팩트체크를 두고 양측 갈등은 고조되는 모양새지만 ABC 토론은 그간 사실무근 발언과 무질서하게 공방만 오갔던 행태서 벗어나 TV토론의 수준을 한 차원 높였다는 평가가 나왔다.

토론 후에도 지지율이 기대보다 오르지 않자 해리스 캠프는 트럼프를 향해 "선거일 전에 한 번 더 만나는 것이 미국 국민과 유권자들에 대한 의무"라며 추가 TV토론을 제안했다. 두 번째 토론 대결은 CNN 초청으로 10월 23일 청중이 없는 스튜디오에서 90분 동안 질문을 주고받는 포맷으로 6월 트럼프 대 바이든의 1차 토론과 비슷한 방식이다. 그러나 트럼프 측은 즉각 거부했다. 바이든과 달리 해리스가 토론 상대로 훨씬 부담스럽다는 것을 알았기 때문이다.

부통령 TV토론: 월즈 vs 밴스

2차 토론은 무산됐지만 부통령 후보인 팀 월즈(민주)와 J. D. 밴스(공화)는 10월 1일 첫 TV토론을 벌였다. CBS 방송 주관의 부통령 후보 TV토론은 2024 대선의 사실상 마지막 TV토론으로 대선 후보의 대리전 성격이 강한 토론이었다. 심한 난타전이 예상됐었지만 토론은 비교적 차분한 분위기 속에서 진행됐다. 이민 정책과 중동 문제 등 여러 현안에서 이견을 노출했지만 두 후보는 격론 중에도 예의를 지키며 서로에게 감사 인사를 전하기도 했다. 고성이나 끼어들기, 말 끊기도 거의 없었다. "우리가 이렇게 공통점이 많은지 몰랐다"는 등 부드러운 말도 나왔다.

월즈와 밴스 두 사람은 공통점이 많다. 둘 다 중서부 출신에 형편이 넉넉하지 않은 백인 저소득 가정에서 태어났다. 월즈는 네브래스카주, 밴스는 오하이오주 출신으로 둘 다 군 복무 경험이 있어 역시 비슷한 정서를 공유하고 있다. 토론은 전체적으로 차분했지만 중간에 상대 진영에

월즈 민주당 부통령 후보와 밴스 공화당 부통령 후보의 TV토론
(CBS, 2024.10.1. 캡처)

대한 공격이 격렬해져 한 차례 마이크를 꺼야 하는 상황도 벌어졌다. 월즈 후보는 트럼프 극렬 지지자들이 2020 대선 결과에 불복해 워싱턴 의사당을 습격했던 '1.6 사태'를 맹렬하게 비난했다. 밴스 후보는 민주당의 불법 이민자 문제를 집중 공격했다.

『뉴욕타임스』는 이날 토론에서 월즈가 41분 4초, 밴스가 39분 36초의 발언 기회를 가졌다고 집계했다(『조선일보』, 2024.10.24). CBS가 토론 직후 전국 유권자를 상대로 실시한 여론조사는 거의 대등했다. '토론 승자가 누구냐'는 물음에 밴스를 꼽은 이가 42%, 월즈를 꼽은 이가 41%였고 17%는 비겼다고 답했다(『중앙일보』, 2024.10.3.). 전체적으로 두 후보의 토론 수준은 기대보다 훌륭했다는 언론보도가 많았지만 2인자들의 토론이어서 대선에 미치는 영향은 제한적이라는 평가가 나왔다.

■ 대통령 선거와 선심 공약

우리나라의 경우 선거 시즌이 되면 대통령이나 당 대표가 나서서 여러 가지 선심성 공약이나 정책을 내놓는 경우가 많다. 예산이 뒷받침돼야 실현 가능한 공약이 대부분이지만 일단 표를 얻고 보자는 전략에 발표부터 하는 경우가 많다. 그래서 늘 정쟁거리가 된다. 미국 선거판도 이런 공약 남발이 없는 것은 아니지만 예산 대책 없는 선심성 공약은 언론의 철저한 검증 때문에 별 효과가 없는 경우가 대부분이다. 그래서 실효성 없는 공약보다는 지지층과 유권자들을 겨냥한 맞춤형 정책이나 국정 성과를 집중 홍보하는 방식이 많다.

2024 대선의 경우 해리슨 부통령이 후보로 확정된 직후 바이든 행정부는 거대 제약사들과의 약값 인하 협상으로 서민층 의료부담을 크게 낮췄다고 대대적인 홍보 공세를 펼쳤다. 2022년 바이든 행정부가 제정한 '인플레이션감축법(IRA)' 덕에 약값 대폭 인하가 가능했다는 것이다. IRA 법안에는 인플레이션 감축을 위해 제약사들의 약품가 인상을 제한하는 조항이 들어 있다. '메디케어(노령자와 장애인을 위한 미국의 의료보험 제도)'가 제약사와 약 가격을 협상할 수 있는 조항도 담겨 있다.

바이든 대통령과 해리스 부통령은 2024년 8월 15일 메릴랜드주 라르고에서 열린 첫 합동유세에서 '정부가 거대제약사들을 상대로 큰 승리를 거두었다'며 '2026년 한 해에만 메디케어가 약값 인하로 60억 달러를 절약하게 됐다'고 대대적으로 홍보했다. 예산 대책 없는 선심성 공약보다는 지지층을 겨냥한 맞춤형 정책 성과를 홍보한 것이다. 다음은 이에 대한 2024년 8월 15일 NBC의 〈Nightly News〉 리포트다.

'메디케어와 거대제약사의 협상 타결'을 전하는 바이든 대통령.
(NBC 〈Nightly News〉, 2024.8.15. 캡처)

[앵커]

바이든 행정부가 메디케어 가입자들을 위해 주요약품 가격을 대폭 인하하기로 거대 제약사들과 합의했습니다. 이 합의는 질병 치료를 위해 많은 의료비를 지출해야 하는 사람들에게 큰 혜택이 될 것으로 보입니다.

톰 카스텔로 기자가 보도합니다.

[리포트]

재키 트랩은 난치병인 혈액암 치료를 위해 8년간 매일 두 종류의 약을 복용해 왔습니다. 1년에 2만2천 달러의 의료비가 지출됩니다.

[재키 트랩: "의료비를 감당하느라 너무 많은 희생을 치르고 있어요. 집도 저당 잡혔고 차 두 대를 팔았어요, 가구도 팔았구요."]

그런데 이번에 인플레이션 감축법(IRA)이 발효되면서 재키 씨의 약값 부담은 2026년부터 크게 줄어들 것으로 보입니다. 매일 복용 중인 혈전 용해제 '제랄토'의 한 달 약값이 현재 517달러에서 197달러로 대폭 줄어들기 때문입니다.

재키 씨가 부담해야 하는 1년치 약값 상한선은 3,300달러지만 내년에는 2,000달러로 줄어들게 됩니다. 재키와 비슷한 처지의 미국인들에게 큰 도움이 될 것으로 보입니다.

[재키 트랩: "저는 8년 반 넘게 약값 대느라 이젠 더 이상 내다 팔 것도 없어요."]

바이든 대통령과 해리스 부통령은 오늘 제약사와의 협상을 큰 승리라고 선언했습니다.

[바이든 대통령: "오늘 우리는 마침내 거대 제약사에 큰 승리를 거뒀습니다."]

당뇨 치료제인 인슐린의 경우 올 초 기준으로 한 달 약값 부담액이 35달러인데 메디케어 측은 해당 제약사와 사상 처음으로 가격 인하 협상을 할 예정입니다.

이외에도 자누비아. 자르단스, 엘리퀴스, 제랄토, 파르지가, 엔트레스토, 엔브렐, 스텔라라, 피아스프, 엔브렐 같은 주요 의약품도 40%에서 80% 까지 삭감될 전망입니다.

메이케어 책임자인 치키타 브룩스라슈어 대표에게 물어봤습니다.

[기자: "많은 미국인들이 일상 식비를 줄여가며 약값을 대고 있는 형편 아닙니까?"]

[치키타 브룩스라슈어/메디케어 책임자: "결코 바람직하지 않습니다. 모든 미국인들이 결국은 다 영향을 받게 되는 겁니다… 은퇴하고 싶어도 형편이 안 되는 노인들이 많고, 어떤 노인들은 인슐린 약을 구매할 형편이 안 돼 당뇨 쇼크 상태에 빠지는 게 지금 현실입니다."]

제약사들은 소송으로 맞서왔지만 법 제정을 막는 데는 실패했습니다. 제약사들은 이번 조치로 비용이 더 증가할 뿐 아니라 보험 거부 사례도 늘 것이라고 주장했습니다. 또 진료기회도 줄어드는 등 부작용이 생길 거라 주장하고 있습니다.

[앵커]

이번 삭감안은 메디케어 대상자에게만 적용되는 건데 일반 보험가입자들의 경우는 어떻습니까? 이들도 언젠가는 삭감 혜택을 받을 수 있는 건가요?

[기자]
이전에도 보험사들이 제약사를 압박해 약값을 낮춘 경우가 있었기 때문에 앞으로 가능할 거라 예상됩니다. 새 약값 정책은 2026년부터 적용됩니다.
그리고 아미도 2027년에는 15개 품목이 더 삭감될 가능성이 있습니다.

[앵커] 감사합니다. 워싱턴 지국의 톰 카스텔로 기자였습니다.

(BOX) **대통령 선거와 연예인**

미국 선거에서는 가수나 배우 등 유명 연예인, 이른바 셀럽들이 특정 후보에 대해 공개적 지지를 선언하는 경우가 많다. 한국에서는 연예인들이 정치인 지지를 공개 표명할 경우 비방과 인신공격 같은 우려로 적극 나서지 못하는 경우가 많다. 표현의 자유를 절대 신봉하는 미국에서는 셀럽들의 정치 성향 표현이 활발하다. 이를 이유로 비방이나 인신공격을 당하는 경우도 우리보다 적다. 셀럽들의 공개 지지가 독특한 선거문화로 자리 잡으면서, 미국 대선시즌 때면 누가 누구를 지지하느냐가 화젯거리가 된다.

오바마 전 대통령의 경우 최초의 흑인 대통령이라는 상징성 때문에 흑인 연예인들로부터 폭발적 지지를 받았다. 오프라 윈프리를 비롯해, 우피 골드버그, 에디 머피, 윌 스미스 등 유명 흑인 셀럽들이 공개적으로 지지를 밝혔고 선거운동까지 도왔다. 흑인들뿐만 아니라 레오나르드 디카프리오, 조지 클루니, 스칼렛 요한슨 등 백인 유명 셀럽들도 적극적으로 오바마를 지지했다(강우창, 2024). 2016년 대선에서 힐러리 클린턴은 배우 스칼렛 요한슨과 팝가수 제니퍼 로페즈 등

톱스타들의 지지를 받았다. 민주당 후보들에 비해 상대적으로 셀럽들의 지지가 적었던 공화당 후보들(존 매케인 2008 대선, 밋 롬니 2012 대선)은 선거전에서 불리할 수밖에 없었다.

현재 미국 최고의 인기가수인 테일러 스위프트(Taylor Swift)는 2020 대선에서 바이든 대통령을 공개 지지해 주목을 끌었다. 그래미 시상식에서 '올해의 앨범상'을 4년 연속 수상하기도 한 스위프트는 이른바 '스위프트 이코노믹스(Swift Economics)'라는 신조어를 만들 정도로 엄청난 경제효과까지 일으키고 있어 그의 말 한 마디, 한 마디가 주목을 끌고 있다. 게다가 스위프트는 무려 2억 8천만 명에 달하는 팔로워를 거느리고 있어 선거 판세에 큰 영향을 미친다. 2024년 대선에서 스위프트는 특정 후보에 대한 공개지지를 밝히지 않았다가 바이든 하차 후 해리스가 대선 후보가 되자 공개지지를 표명했다.

스위프트는 해리스 대 트럼프의 1차 TV토론 다음 날 소셜미디어를 통해 해리스 지지를 발표했다. 인스타그램에 올린 '해리스 지지 선언문'에서 스위프트는 이른바 '생식권(Reproductive Rights)' 보장을 주요 의제로 강조했다. 생식권이란 여성이 자기 몸에 관한 결정권을 가져야 한다는 주장으로 민주당의 노선과 부합한다. 생식권 발언은 미국 MZ 유권자, 특히 자기 결정권 목소리를 강하게 내는 여성들의 표심에 적지 않은 영향을 미쳤다.

트럼프를 지지하는 테일러 스위프트의 가짜뉴스 사진
(트루스소셜 SNS)

스위프트의 이런 행보에 트럼프 진영은 크게 긴장한 모습을 보였다. 일부 극우 유튜버들은 '스위프트 비밀요원 음모론'까지 제기하며 비난 공세를 펼치기도 했다. 이런 가운데 8월 18일 트럼프가 만든 소셜미디어 '트루스 소셜'에 느닷없이 스위프트가 트럼프를 지지하는 이미지가 게시돼 파문을 일으켰다. 이 이미지는 인공지능(AI)으로 만든 가짜 사진으로 밝혀져 잠깐의 해프닝으로 끝났지만 그만큼 스위프트의 막강한 영향력을 보여 주는 사례로 거론되고 있다.

해리스 부통령은 스위프트 이외에도 여러 유명 스타들의 지지를 받았는데, 팝스타 비욘세는 자신의 히트곡 '프리덤'을 해리스 후보 선거운동에 사용하도록 허용했다. 영국 팝스타 찰리 XCX는 '카멜라는 브랫(brat)'이라는 SNS 게시물 공유로 해리스 지지를 표했다. 악동을 뜻하는 '브랫'은 찰리 XCX의 앨범 제목으로 미국 젊은 층에게 큰 인기곡이다. 그가 해리스를 '브랫'이라 한 것은 그에 대한 애정을 표시한 것이라 할 수 있다. 이 밖에도 조지 클루니, 제니퍼 애니스톤 등의 할리우드 스타들도 해리스를 지지한다고 밝혔다.

트럼프를 공개 지지하는 유명인사도 적지 않은데 대표적으로 프로레슬러 '헐크 호건'이 있다. 1980년대와 1990년대 프로레슬링계의 최고 스타로 군림했던 그는 트럼프 유세장에서 "트럼프 매니아들이여, 다시 미국을 위대하게 만듭시다."라는 구호를 외치며 열정적으로 지지 연설을 하기도 했다.

프로레슬러 '헐크 호건'의 트럼프 지지 연설 장면
(MBN, 2024.8.16. 캡처)

유명 래퍼 '앰버 로즈'와 컨트리 가수 '리 그린우드'도 트럼프를 공개 지지했다. 이런 와중에 트럼프 선거 캠프는 팝스타들의 히트곡을 사전 허락 없이 무단 사용해 당사자들의 반발을 사기도 했다. CNN 방송에 따르면 트럼프 캠프는 7월 31일 펜실베이니아주 해리스버그에서 열린 선거운동 행사에서 팝스타 비욘세의 앨범 수록곡 '텍사스 홀덤'을 틀었다가 비욘세 소속사로부터 법적조치를 취하겠다는 경고를 받았다. 이전에도 트럼프 캠프는 4월 몬타나주 유세 현장에서 유명가수 셀린 디옹의 대표곡 '마이 하트 윌 고 온(My Heart will go on)'을 틀었다가 항의를 받았다. 셀린 디옹은 SNS에 "진심으로 그 노래를?"이라고 썼는데 배 침몰 사고 영화 '타이타닉' 주제곡을 대통령 선거에 사용한 데 대한 조롱이라는 보도가 나오기도 했다.

유명인들의 지지가 당선을 보장하는 것은 아니지만 선거 판세에 큰 흥미를 주는 것은 분명하다. 당락 여부와 별개로 셀럽들이 어느 정도 판세에 영향을 미칠지 지켜보는 것도 미 대선의 관전 포인트다. 미국서 연예인들이 정치 성향을 공개적으로 드러내고 활발하게 활동하는 문화가 생긴 것은 1950년대 미국 사회를 휩쓴 반공운동 '매카시즘'에 대한 반발 성격이라는 분석이 있다(『동아일보』, 2024.8.31.). 냉전이 한창이던 당시 조지프 매카시 공화당 상원의원은 "문화계의 공산주의자를 색출하겠다"며 진보 성향의 배우, 감독, 작가들을 대거 퇴출시키는 작업을 주도했다. 이에 할리우드 유명 인사들이 서로를 공산주의자라고 매도하며 내부 고발에 앞장서는 '마녀사냥'이 벌어지기도 했다. 이 매카시즘 광풍이 끝난 1960년대부터 오히려 공개적으로 특정 정당과 정치인을 지지하고 나서는 문화가 형성된 것이다. 한편으로는 스타들이 목소리를 크게 내야 정치권에 엔터테인먼트 산업의 영향력을 키울 수 있다는 분석도 나온다.

6

대통령과 TV

한 나라의 민주주의 수준은 대통령이 어떻게 언론과 소통하는지 보면
알 수 있다.

국민에 의해 선출된 대통령은 자신이 어떻게 국정을 수행하고 있는지,
어떤 비전을 갖고 있는지 국민에게 성실히 설명해야 할 의무가 있다.

언론은 국민을 대신해 대통령에게 질문하고 그의 생각을 전달하는 가
장 중요한 수단이다.

역대 대통령들은 취임 초 하나같이 야심차게 언론과의 소통을 강조한
다. 수시로 기자실에 들르고 소주잔도 기울이겠다고 다짐한다. 해외순방
을 나갈 때면 요청하지 않는데도 기자들 탑승석에 나타나 소감을 말하고
질의응답을 받기도 했다. 하지만 대부분 임기 말로 접어들수록 언론과의
접촉을 줄여 간다. 정치 스캔들이 터지고 지지율이 급락하면 난처한 질
문을 피하기 위해 기자들을 어떻게든 멀리한다.

1) 한국 대통령과 TV

　역대 대통령들은 통상 1월 초순이나 중순경 신년 기자회견을 갖고 그 해 주요 국정계획 및 포부 등을 국민에게 알려 왔다. TV로 생중계되는 대통령의 신년 기자회견은 국정 최고 책임자로서 자신의 국정운용 구상과 통치철학을 국민에게 알리는 중요한 정치 행위라 할 수 있다. 우리나라에서 대통령 신년 기자회견은 박정희 대통령 집권기인 1968년 '연두 기자회견'에서 처음 시작된 것으로 알려지고 있다. 대통령이 직접 한 해 국정운영 목표와 계획을 설명하고, 언론과 질의응답을 통해 국민의 이해를 구하는 중요한 정치일정이다.

　신년 기자회견은 정권마다 부침을 겪었는데 전두환 대통령은 신년 기자회견을 없애고 국회 신년 국정연설로 대신했다. 노태우 정부 시절에는 신년 기자회견을 하긴 했지만 '각본 회견'으로 진행했다. 김영삼 대통령 임기에 들어서 비로소 각본 없는 신년 기자회견이 자리 잡았다. 하지만 김영삼 대통령은 임기 말 지지율이 급락하면서 기자와의 접촉을 크게 줄였다. 임기 말까지 활발하게 언론 접촉을 한 대통령은 김대중과 노무현이었다. 둘 다 150회에 이르는 기자회견을 했는데 한 해 평균 30회, 매달 두 번 이상 언론을 만난 셈이다. 누구보다 달변가인 김대중 대통령은 당선자 시절부터 '국민과의 대화'를 열어 국정운영 방침을 밝혔다. IMF 외환위기 때도 TV 앞에서 위기극복 방향을 직접 국민에게 밝혔다(이재훈, 2018).

노무현 대통령은 신년 기자회견을 포함해 임기 중 약 150회 기자회견을 열었다. '국민과의 대화'에 4차례나 출연할 만큼 가장 적극적으로 소통한 대통령으로 꼽힌다. 이명박 대통령은 신년 기자회견을 없애고 참모들만 배석한 자리에서 신년 국정연설로 대신하기도 했다. 박근혜 정부도 신년 기자회견을 진행했지만 '각본 회견'을 한다는 지적을 받았다. 기자들에게 사전 질문을 받고 질문자들도 미리 지정해 논란이 일었다. 회견 때마다 배석자들이 있었는데 2015년 1월 신년회견 때는 정홍원 국무총리를 비롯한 내각 장관 전원, 김기춘 비서실장 등 청와대 수석급 참모진 전원을 좌우에 포진시켰다. 이는 대통령이 잘 모르는 질문에 대비하는 듯한 불필요한 인상을 주어 비판을 받기도 했다.

　문재인 대통령은 취임 초기엔 적극적으로 소통의지를 밝혔지만 약속을 제대로 지키지 못했다. 문 대통령은 2017년 5월 취임사에서 다음과 같이 약속했었다.

　"국민과 수시로 소통하는 대통령이 되겠습니다. 주요 사안은 대통령이 직접 언론에 브리핑하겠습니다. 퇴근길에는 시장에 들러 마주치는 시민들과 격의 없는 대화를 나누겠습니다. 때로는 광화문광장에서 대토론회를 열겠습니다."

　2018년 1월 첫 내외신 신년 기자회견에선 사전 조율 없이 기자들의 자유로운 질문을 받아 외신의 칭찬을 받기도 했다.[18] 하지만 2020년부터 코로나19 확산을 이유로 기자들을 거의 만나지 않았다. 이후 각종 민감한 현안들(울산시장 선거 개입 의혹, 김경수 지사 드루킹 사건, 조국 사태 등)이 계속 터지자 언론 접촉을 크게 줄이기 시작했다. 문 대통령의 임기 중 기자회견은 8차례가 전부였고 마지막 기자회견은 2021년 5월이었다 (YTN, 2021.1.23).

윤석열 대통령은 전임 문 대통령의 이 같은 비판을 의식한 듯 취임 초에는 왕성한 소통의지를 밝혔다. 도어스테핑(출근길 약식문답)을 파격적으로 실시한 것이 대표적이다. 기대와 우려가 교차한 도어스테핑은 그러나 오래가지 못했다. 취임 첫해 6개월간(2022년 5~11월) 도어스테핑을 진행했지만 2022년 11월 6월 "뭐가 악의적이에요"라고 MBC 출입기자가 소리를 치는 사태가 벌어진 이후 중단되었다. 윤 대통령은 2023년에 이어 2024년에도 신년 기자회견을 하지 않았다. 대신 KBS 특별대담(2024.2.7.)을 했지만 사전녹화인 데다 국민이 궁금해하는 것에 대한 대통령의 생각을 밝히기보다는 자신이 하고 싶은 얘기만 주로 전달했다는 비판을 받았다. 특히 뜨거운 현안이었던 김건희 여사의 명품백 수수 건에 대해 대담자인 KBS 앵커가 '파우치'라는 표현을 써서 논란이 되기도 했다.

---

18) 파격적 방식의 이날 기자회견은 외신의 주목을 받기도 했다. 기자회견에 참석한 『워싱턴 포스트(WP)』의 애나 파이필드 도쿄 지국장은 '자유롭고 개방적인 회견 분위기에 놀랍다'는 소감을 트위터로 전했다. 파이필드 기자는 기자회견이 '모두에게 열려 있었다'며 "문재인 대통령으로부터 나온 발전을 환영한다"고 밝혔다.

2024년 4.10 총선에서 국민의힘이 108석에 그치는 참패를 당한 후 국정기조 변화를 요구하는 목소리가 높아지자 윤 대통령은 5월 9일 용산 대통령실에서 기자회견을 열었다. 1년 9개월 만에 진행된 이날 기자회견은 '윤석열 정부 2년 국민보고 및 기자회견'이라는 타이틀로 진행됐다. 총선에서 드러난 국민의 뜻을 겸허히 받아들여 국정기조를 바꿀 것이라는 기대가 높았지만 실제 내용에선 기대에 미치지 못했다. 윤 대통령이 비교적 많은 말을 했음에도 불구하고 국민들이나 언론이 기대했던 속 시원한 답변이 없었고 국정기조 변화에 대한 의지도 별로 보이지 않았다는 평가가 나왔다.

한국방송 정치보도 VS 미국방송 정치보도

2) 미국 대통령과 TV

20세기 들어 미국 정치의 가장 큰 변화는 TV의 보급과 함께 진행됐다. 빌 코바치와 톰 로젠스탈(2012)은 미국에서 TV 뉴스가 광범위하게 보급되면서 가장 두드러진 현상으로 정치의 국영화(nationalization of politics)를 지적했다. NBC와 CBS, ABC 같은 메이저 방송사의 워싱턴 지국에서 전하는 정치뉴스들을 미국인이 가장 중요한 뉴스로 여기기 시작했다는 것이다. 그 이전에는 자기가 사는 지역신문에서 보도하는 이슈가 제일 중요하다고 여겼던 미국인들이 점점 메이저 방송사 워싱턴 특파원들이 전하는 뉴스를 중요하게 여기게 되었다. 특히 TV에 가장 많이 등장하는 인물인 대통령의 뉴스가 세상에서 제일 중요한 뉴스로 인식된 것이다.

당연히 대통령은 TV에서 어떻게 좋은 모습으로 비춰지는가를 고심한다. TV에서의 모습이 대통령 리더십의 필수 조건이 된 것이다. 모든 대통령이 TV에 비춰질 자신의 일거수일투족에 신경을 곤두세운다. 무슨 말을 할지 사전에 치밀하게 준비하고, 어떤 옷과 어떻게 걸음걸이를 할지도 참모들과 협의한다. 오바마 대통령은 패기 넘치는 모습을 강조하기 위해 힘차게 걷는 모습을 연출했다. 노령의 바이든 대통령은 건강을 과시하기 위해 씩씩하게 전용기 계단을 오르려다 넘어지는 민망한 모습을 보이기도 했다.

■ 대통령과 TV회견

미국 대통령 중 가장 친숙하게 TV를 대한 첫 대통령은 존 F. 케네디이다. 케네디 대통령은 1961년 1월 25일 첫 TV회견을 시작으로 임기 중 평균 17일에 한 번꼴로 기자회견장을 찾아 TV 앞에 섰다. 케네디는 국민과의 직접 소통에 TV가 가장 효과적이라고 생각한 첫 대통령이다. 기자회견 방식은 대통령이 먼저 회견 주제 전반에 대해 모두(冒頭) 발언을 하고, 이어 신문, 방송 등 다양한 매체의 기자들과 자유롭게 질의응답하는 방식이다. 이 모습은 편집과 가공 없이 TV를 통해 생중계되었다. 케네디가 이 같은 TV회견 아이디어를 거론했을 때 대다수 참모들과 정부 관료들은 거세게 반대했다고 한다, 언론인들 중에서도 반대가 나왔다고 한다. 녹화방송과 달리 생방송에서는 실언이나 부주의한 발언이 나왔을 때 리스크가 너무 크다는 이유에서였다. 그럼에도 케네디는 이 같은 방식을 임기 내내 고수했다.

케네디 이후 역대 미국 대통령들은 대부분 TV 소통에 공을 들였다. 수시로 방송에 등장해 인터뷰를 하기도 하고 즉석 회견도 했다. 성별, 인종별, 사회계층별, 지역별로 다양한 배경을 가진 수백 명의 기자들이 사전 각본이나 조율 없이 대통령과 묻고 답하는 과정은 미국 민주주의의 상징으로 자리 잡았다.

미국 대통령은 공식 TV회견 외에도 '미디어 스테이크아웃(Media Stake-outs)'이나 '미디어 풀스프레이(Media Pool Spray)'라고 불리는 약식회견을 수시로 한다. 경찰 잠복근무에서 유래된 '스테이크아웃'은 한국에서의

한국방송 정치보도 VS 미국방송 정치보도

도어스테핑에 해당된다.

'미디어 풀스프레이'는 기자단이 순번에 따라 풀(Pool)을 꾸려 회의나 행사 전후 대통령에게 질문하는 것이다. 풀기자가 질의응답한 내용은 반드시 전체 기자단에 공유해야 한다. 한국 대통령실 출입기자단의 풀취재와 같은 방식이다. 풀기자는 당연히 가능한 많은 질문을 시도하는데 대통령은 질문에 따라 답을 할 때도, 안 할 때도 있다. 각종 행사 후 대통령과 백악관 기자단과의 일문일답도 자주 볼 수 있다. 대통령 전용 헬리콥터 '마린원(Marine One)'이나 전용기 '에어포스원(Air Force One)' 탑승 전후에도 질의응답이 이뤄진다.

바이든 대통령은 다른 대통령들에 비해 미디어 소통이 부족하다는 비판을 받아 왔다. 바이든은 취임 첫해인 2021년에는 지미 팰런이 진행하는 NBC 방송의 심야 토크쇼 〈투나잇 쇼〉에 화상 출연할 정도로 소통에 적극적이었다. 하지만 시간이 갈수록 불통이라는 말이 나올 정도로 언론 접촉을 꺼리기 시작했다. 워싱턴의 정책연구기관인 '백악관전환프로젝트(White House Transition Project)'에 따르면 2023년 1월 기준으로 바이든의 월평균 기자회견 횟수는 0.88회에 불과했다. 트럼프 전 대통령의 1.83회, 오바마 전 대통령의 1.70회, 조지 W. 부시의 2.18회의 절반에도 못 미치는 수치다. 취임 첫해 '미디어 스테이크아웃'이나 '풀스프레이' 같은 약식의 기자 질의응답 횟수는 225회로 상대적으로 빈도가 높았다. 하지만 대부분 형식적이고, 질문의 핵심을 피해 가거나 답변이 너무 짧고 성의 없다는 비판을 받았다.

■ 배석자 없는 대통령 기자회견

한국의 대통령 기자회견에는 청와대 수석들은 물론 관련 부처 장관들이 배석하는 것이 일반적이다. 그에 반해 미 대통령의 기자회견에는 대부분의 경우 배석자가 없다. 대통령 혼자서 기자들을 상대하는 경우가 많다. 배석자 없는 회견은 대통령의 자신감을 드러낸다고 볼 수 있다. 홀로 기자들의 질문에 자신 있게 답변하는 모습은 대통령이 국정 주요 현안을 장악하고 있다는 대국민 메시지를 준다. 또한 정치의 중심은 대통령이라는 강력한 인상을 줄 수 있다. 대통령이 브리핑룸에서 회견할 때 대변인이나 백악관 참모 등 다른 배석자들은 회견장 구석에서 가만히 지켜보는 경우가 대부분이다.

대통령이 백악관 브리핑룸에 등장하지 않는 날에는 주로 대변인이 기자들의 질의응답을 받는다. 브리핑룸에서 평일 오후 열리는 정례브리핑에는 늘 기자들의 열기가 가득하다. 대변인이 나왔다고 해서 긴장감이 떨어지지는 않는다. 대변인은 대통령 관련 사항이나 주요 국정과 관련된 기자들의 날카로운 질문공세에 대답해야 한다. 질의응답 내용은 꼼꼼하게 백악관 홈페이지에 공개된다. 예를 들어 2024년 7월 2일 백악관 브리핑룸에서 펼쳐진 캐린 장 피에르 백악관 대변인과 출입기자들 사이의 질의응답 장면을 보면 얼마나 치열하게 문답이 이뤄졌는지 알 수 있다. 이날은 바이든과 트럼프 후보의 1차 TV토론 이후 처음으로 백악관 대변인이 브리핑에 나선 자리였다. 58분에 걸친 문답에서 기자들의 질문은 바이든의 건강상태에 집중됐다. '바이든이 알츠하이머 질병을 앓고 있는

가?', '대통령이 토론 전에 무슨 약을 먹었는가?', '지금 당장 대통령이 브리핑룸에 와서 자신의 건강을 입증할 수 있는가' 등등이다(안수찬, 2024). 한국의 대통령실이라면 민감한 주제라며 적당히 얼버무리고 넘어갈 법하지만 피에르 대변인은 당당하고 성실하게 기자들 질문에 응했다. 이 내용은 그날 모두 백악관 홈페이지에 공개됐다. 한국 대통령실 홈페이지가 대부분 발표자료나 홍보자료인 것에 비교하면 차이가 크다.

(BOX) **미국 대통령과 골프**

역대 미국 대통령들 가운데 상당수가 임기 중에도 골프를 즐겼다. 34대 아이젠하워 대통령(1953~1961)은 백악관 경내에 퍼팅 그린을 만들 정도로 골프를 사랑했다. 빌 클린턴도 골프를 즐겼는데 8년간 재임기간 400라운드를 쳤다고 한다. 유달리 '멀리건'을 좋아해 '빌리건'이라는 애칭까지 붙였다. 오바마 대통령도 골프광으로 8년 재임 동안 라운딩을 333회나 했다. 트럼프는 4년 동안 약 300회 친 것으로 알려졌다. 오바마, 트럼프 두 대통령은 대부분의 주말을 골프장에서 보낸 것으로 유명하다. 억만장자 출신인 트럼프는 개인 소유 골프장 여러 개 갖고 있는데 수도 워싱턴 인근의 '트럼프 내셔널 골프클럽', 플로리다주의 '마라라고 리조트' 등 모두 19개의 골프장이 그의 소유다.

바이든 대통령도 골프를 즐긴다. 고향인 델라웨어주에 두 개의 골프장 멤버십을 소유하고 있고 수시로 라운드를 나갈 정도로 골프광이다. 2020년 대통령 취임 이후로는 횟수를 크게 줄였다. 가끔 골프장을 찾긴 했지만 횟수는 전임자들보다 훨씬 적은 편이다. 골프 실력도 두 전임자에 비해 약한 것으로 알려졌다.

바이든과 트럼프의 골프 열정은 2024 대선 1차 TV토론에서도 설전의 소재가 됐다. 81세의 바이든과 78세의 트럼프 후보는 이날 서로의 건강을 과시하면서 골프 실력을 놓고 티격태격했다. 대선의 최대 분수령으로 꼽혔던 이날 토론에서 두 사람은 상대방의 건강 리스크에 서로 우려를 제기하며 공방을 펼쳤는데 이 과정에서 골프 얘기가 나온 것이다. 81세인 바이든 대통령은 트럼프가 자신의 고령에 우려를 표하자 "이 사람(트럼프)은 나보다 세 살 어리지만 훨씬 능력이 떨어진다"고 반박했다. 그러자 트럼프는 "나는 두 번이나 (골프) 클럽 챔피언십에서 승리했다. 그 시합은 고령자 참가 시합이 아니었다"면서 바이든을 향해 "골프공을 50야드도 못 친다"고 주장했다.

바이든 대통령과 트럼프 후보가 2024년 6월 27일 대선 1차 TV토론에서 상대방의 골프 실력에 대해 서로 비아냥거리고 있다.(SBS 화면 캡처)

그러자 바이든은 "누가 공을 더 멀리 보내는지 대결해 보고 싶다"며 "부통령이었을 때 핸디캡이 6이었다"고 반박했다. 그러면서 "골프 시합을 해 보자. 만약 골프가방을 직접 들고 다닐 수 있다면 기꺼이 골프를 같이 치겠다"고 말했다. 이에 트럼프는 "거짓말"이라며 "나는 당신의 스윙을 잘 알고 있다"고 반박했다. 공방이 길어지자 트럼프는 "애들처럼 행동하지 말자"고 했고, 바이든 대통령은 "당신은 어린아이다"라고 받아쳤다.

한국방송 정치보도 VS 미국방송 정치보도

7

정파성에 멍드는 방송

방송은 신문보다 정파성 논란에 자주 휘말린다. 신문은 태생적으로 특정 이념이나 정파를 지지하는 경향이 많다. 미국의 경우 상당수 신문들은 아예 초창기부터 특정 정당의 홍보지 성격으로 출범했다. 그래서 신문의 정파성은 당연시 여겨지기도 한다.

　독자들은 자신의 이념이나 성향에 맞는 신문을 구독하기에 공정성이나 편파성에 대한 논란이 적다. 미국의 가장 대표적 전국신문인『뉴욕타임스』는 전통적으로 민주당을 지지해 왔고,『월스트리트저널』은 대표적 보수신문으로 공화당을 지지하는 식이다.

　우리나라도 신문은 대개 독자들이 자신의 성향에 맞는 신문을 구독한다. 신문기자들 역시 자신이 선택해 입사한 신문사가 특정 정파성을 갖는 것에 불만이 크지 않다(정동우, 2010). 정동우는『경향신문』,『조선일보』,『중앙일보』,『한겨레』의 기자와 에디터 24명을 인터뷰한 결과, 언론의 정파성에 거부감을 보인 사람은 한 명도 없었다고 분석했다. 같은 이슈라도 신문사 나름의 정치적 성향을 담아 보도하는 것이 상업적으로 도움이 된다고 여기는 기자들도 적지 않다.

　방송은 출생부터 공공성이라는 논리로 신문보다 훨씬 정파성에 엄격해야 한다는 원칙을 갖고 있다. 공공재인 방송이 특정 정파를 노골적으로 지지해선 안 되며 대다수 국민들 입장에서 보편적 중립성을 지켜야 한다는 것이다. 원칙적으로 맞는 말이지만 우리 현실에서는 그렇지 않은 일들이 너무 자주 벌어지고 있다. 정권이 바뀌면 으레 당연하다는 듯 방송사 사장이 친정부 인사로 교체된다. 사장이 바뀌면 순차적으로 방송사

간부들도 친정부적 성향으로 바뀐다. 정권이 공영방송사의 거버넌스를 결정해 온 관행 때문에 늘 정치후견주의(Political Clientelism) 논란이 벌어진다.

때로는 정권 교체가 곧바로 방송사 리더십 교체로 이어지지 않는 경우도 있다. KBS 이사회와 방송문화진흥회(MBC) 이사진의 교체가 정권의 의지대로 신속하게 이뤄지지 않는 경우도 있기 때문이다. 공영방송의 거버넌스에 절대적 영향력을 갖는 방송통신위원회의 여-야 구성도 정권 교체와 맞물려 이뤄지지 않는 경우가 많다. 이럴 때면 예외 없이 심한 갈등이 빚어진다. 방송사 내에서는 새 정권 성향의 구성원들이 전 정권 성향 경영진을 퇴출시키기 위해 이전투구를 벌인다. 때로는 해고와 대량 징계 사태가 벌어지기도 한다.

미국은 기본적으로 상업방송이 대부분이고 공영방송은 사실상 PBS 하나이기에 방송 거버넌스를 둘러싼 정치적·사회적 갈등은 우리보다 훨씬 덜하다고 할 수 있다. 각 방송사별로 오랜 기간 정립해 온 정치 지향성이나 방송철학이 있기에 시청자들은 취향에 따라 선호채널을 선택한다. 대표적인 보수 성향 방송으로 FOX NEWS를 들 수 있고 CNN, NBC, CBS 등은 중도 진보적 방송으로 분류된다. 정권이 바뀌었다 해서 방송사 사장이 교체되는 경우도 없고, 소속 기자들의 정치 지향성이 달라지지도 않는다. 프로그램의 방향이 바뀌는 경우도 거의 없다.

정파적 갈등에서 비교적 자유로왔던 미국 방송은 그러나 2016년 트럼프 대통령 당선 이후 미국 사회가 급속히 양극화되면서 점차 상황이 달라지기 시작했다. 트럼프 지지자들의 극우적 성향이 갈수록 심해지고 이에 발맞춰 FOX NEWS도 더 우파적 시각을 강화하기 시작했다. 트럼프는 자신에게 비판적 보도를 많이 한 『뉴욕타임스』와 CNN 등을 '가짜뉴스(fake news)', '국민의 적(enemy of the people)'이라며 맹비난했다. 보수 지지 세력들을 결속하려는 수단으로 사용한 것이다.

급기야 2021년 1월 6일 트럼프 극렬지지자들이 트럼프의 대선 패배에 분노해 워싱턴 국회의사당을 점거하는 '1.6 사태'가 벌어졌다. 지금 미국 사회의 정치적, 사회적 양극화 갈등은 치유하기 힘들 정도로 심각한 수준이다.

1) 한국방송의 정파성 갈등

우리나라 방송이 정파성 갈등의 중심에 놓이게 된 근본 원인은 승자독식제·양당제하에 있는 정치구도 때문이다. 수십 년간 권력을 나눠 차지해 온 두 거대 정치세력이 방송 지배에 따른 이익을 내려놓으려 하지 않기 때문이다. 이들은 법적·제도적으로 거버넌스 구조가 허술한 공영방송을 도구화해 왔다(윤석민, 2020). 보수-진보 거대 양당은 그때그때 정략적 이해득실에 따라 편의적으로 방송에 대한 입장을 바꿔 왔다. 야당 시절에는 정권의 공영방송 장악을 강하게 비판하다 막상 권력을 잡으면 필사적으로 자기네 인사를 사장으로 꽂으려 한다. 야당은 전력을 다해 이를 저지하려 맞선다. 몇 년 주기로 똑같은 갈등이 되풀이되는 것이다.

소모적인 갈등을 줄이기 위해선 근원적 해법을 마련해야 하지만 실질적 진전은 없다. 방송법을 바꾸고 거버넌스 구조를 바꾸고 공영방송 가치와 책무를 재설정하자는 논의가 십수 년 전부터 계속되고 있지만 실제 이뤄진 것은 없다. 정치권이 이해득실을 따지며 말을 바꾸고 있기 때문인데 집권만 하면 야당 시절 주장하던 공영방송 거버넌스 개편안은 없던 일이 된다. 민주당은 야당 시절인 2016년 7월 박홍근 의원의 대표발의로 방송법 개정을 추진한 바 있다. '박홍근 법안'이라 불리는 개정안은 KBS 이사회, 방송문화진흥회, EBS 이사회 등 모든 공영방송의 이사를 여당이 7명, 야당이 6명 추천하는 방식으로 개편하고 이사들의 3분의 2가 동의해야 사장을 임명할 수 있는 내용이다.

이 법안은 정치권의 공영방송 이사추천 몫을 법에 명시한다는 점에서 비판을 받긴 했지만 정부 개입과 언론 장악을 방지하기 위한 차선책은 될 수 있다는 평가를 받았다. 이 법안은 그러나 당시 여당인 새누리당의 반대로 무산되었다. 그런데 2017년 3월 박근혜 대통령이 탄핵되고 5월 대선에서 문재인 대통령이 승리하면서 여와 야가 바뀌었다. 국회에서 방송법 개정안이 다시 논의되고 여야 합의가 이뤄졌다. 방송법 개정이 임박했다는 기대가 높아지는 순간이었다. 그러나 문재인 대통령은 2017년 8월 22일 과학기술정보통신부와 방송통신위원회의 업무보고를 받는 자리에서 "만약 이 법안이 통과된다면 어느 쪽으로도 비토(반대)를 받지 않는 사람이 (공영방송) 사장으로 선임되지 않겠느냐. 온건한 인사가 선임되겠지만, 소신 없는 사람이 될 가능성도 있다. 기계적 중립을 지키는 사람을 공영방송 사장으로 뽑는 것이 도움이 되겠는가"라며 반대 입장을 밝혔다(『한겨레21』, 2023. 11. 10). 어렵게 여야 합의에 도달했던 방송법이 다시 원점으로 돌아간 것이다. 민주당은 정권 교체 후 얼마 안 가 KBS와 MBC 사장을 교체했다.

방송법 개정안은 이후 내내 방치되다 2020년 야당인 국민의힘에 의해 다시 추진되었다. 박성중 의원이 2020년 8월 31일 대표 발의한 방송3법(방송법, 방송문화진흥회법, 한국교육방송공사법) 개정안은 방송문화진흥회 이사 수를 9명에서 13명(여 7, 야 6)으로 늘리고, 사장 임명제청 시 재적이사 3분의 2 이상의 찬성(특별다수제)으로 의결하도록 했다. 박성중 의원은 법안 제안 이유에서 "방문진 이사의 임명절차를 합리적으로 개선하고…(중략)…신분보장을 명시함으로써, 방문진과 문화방송의 정치적 독립성·중립성을 담보할 수 있도록 하려는 것"이라고 밝혔다. 이 법안은 2016년 '박홍근 법안'과 대동소이한 것이지만 이번에는 여당인 민주당의 반대로 무산됐다.

2022년 5월 대선에서 국민의힘 윤석열 후보가 대통령에 당선되어 5년 만에 정권이 교체됐다. 여·야가 바뀌었지만 국회는 민주당이 압도적 다수당을 차지해 여대야소 국면이 펼쳐졌다. 정부 여당은 KBS와 MBC 경영진 교체를 시도했고 민주당은 강력히 반발하고 나섰다. 2023년 4월 민주당은 다시 방송법 개정안을 발의했다. 이 법안은 이사를 21명으로 늘리고, 국회(5명)뿐 아니라 시청자위원회(4명), 언론학회(6명), 방송인단체(6명)가 이사를 추천하도록 했다. 또 100명의 '사장후보국민추천위원회'가 2~3명의 사장 후보자를 추천해 특별다수제로 의결하도록 했다. 법안은 국회를 통과했지만 윤석열 대통령은 곧바로 거부권을 행사했다.

법안 재의결을 위해서는 재적 의원의 과반이 출석해 출석 의원의 3분의 2 이상이 찬성해야 한다. 범야권은 현재 22대 국회에서 192석을 보유하고 있어 재적 의원 3분의 2(200석)에 8석 모자란다. 방송법안은 '민주당 국회발의 → 본회의 가결 → 대통령의 거부권 행사 → 국회 재의결에서 부결'이라는 패턴을 계속 반복하며 미로를 헤매고 있다. 야당은 '윤석열 정권의 언론장악'이라고 공격하고 있고, 정부·여당은 "대통령 탄핵을 겨냥한 명분 축적"이라며 맞서고 있는 상황이다.

■ 정쟁의 핵(核)이 되어 버린 방송통신위원회

방송통신위원회의 전신은 방송위원회로 2000년 통합방송법에 의거해 출범하였다. 행정부 수반을 중심에 둔 독임제 성격의 기구가 아니라 합의적 성격을 띤 위원회로 줄곧 운영되어왔다. 방송통신 융합 환경이 급속히 도래하고 방송법이 여러 차례 개정되면서 이명박 정부 시절인 2008년 방송통신위원회로 확대 개편되었다. 방통위의 주요 기능은 ① 통신에 관련된 정책 수립과 관리 감독, ② 주요 방송에 대한 재허가·재승인권과 공영방송인 한국방송공사, 방송문화진흥회(방문진), 한국교육방송공사의 이사를 임명할 수 있는 권한이다. 현재 정쟁의 핵심이 되는 것은 ②번이다.

방통위는 정권이 방송, 특히 공영방송을 통제하고 장악하는 수단으로 이용돼 왔다는 비판을 받아 왔다. 위원장을 포함한 5명의 방통위 위원은 3 대 2 구도로 정부 여당이 실질적으로 3명을 임명한다. 정부여당이 손쉽게 방통위원 과반을 점유하고 이를 통해 사실상 방송을 통제할 수 있다는 점에서 여-야 공히 방통위를 놓고 한 치 양보 없이 대결을 펼치는 구도다. 이 대결 구도는 22대 여대야소 국회에서 정점에 달하고 있다. 야당은 윤석열 정부가 방송장악을 하려 한다고 비난하고, 여권은 거대 야당이 이전 정권 때 장악했던 방송 기득권을 놓지 않으려 한다고 공격한다.

윤석열 정부 들어 방통위에서 벌이지고 있는 일련의 사태는 방통위가 얼마나 정쟁의 핵이 되고 있는지 여실히 보여 준다. 윤석열 대통령은 문재인 정부 때 임명됐던 한상혁 방통위 위원장을 해임하고 이동관 위원장을 임명했으나 야권은 얼마 안 가 이동관 위원장을 탄핵했다. 이어 윤 대통령의 김홍일 방통위원장 임명 → 야권의 김홍일 위원장 탄핵 → 윤 대통령의 이진숙 위원장 임명 → 야권의 이진숙 위원장 탄핵이 숨 가쁘게 이어졌다. 이전 정부에서 좀처럼 볼 수 없었던 진기한 일로 이는 모두 공영방송 지배, 특히 MBC 대주주인 방송문화진흥회 장악을 둘러싼 한 치 양보 없는 대결이다.

22대 국회에서 민주당은 방송3법에 더해 방통위의 의결 정족수를 2인에서 4인으로 늘리는 내용을 담은 방통위법 개정안을 추진했다. 정부·여당의 방통위 다수의결 장악을 막으려는 의도다. 개정안은 국회에서 압도적 다수로 가결됐지만, 이 역시 윤 대통령이 거부권 행사로 무산됐다. 이런 소모적 대결은 이후로도 계속될 가능성이 크다. 이런 와중에 불똥은 국회 과학기술정보통신위원회(이후 과방위)로 튀는 형국이다. 과방위는 방송 뿐 아니라 과학과 기술 정책도 담당하고 있는데 방송 이슈에 파묻혀 사실상 손을 놓고 있다. 22대 국회 들어 과방위는 3개월간 18차례나 전체회의를 열었지만 다 방송 이슈였고 과학이나 기술, 정보 이슈는 거의 다루지 못했다.

이처럼 과방위가 공영방송을 두고 끝 모를 충돌을 이어 가자 아예 과학 분야와 방송 분야를 분리해야 한다는 주장까지 제기되고 있다. 과방위 소속의 최수진 국민의힘 의원은 8월 13일 과방위를 '과학기술정보통신위원회'와 '미디어위원회'로 나누는 내용을 담은 국회법 개정안을 발의했다.

최 의원은 "전체 소관 기관은 81개에 달하지만, 이 중 10%에 불과한 방송과 통신 영역 8개 기관에 모든 이슈가 집중되면서 과학기술 법안 논의가 이뤄지지 않고 있다"고 지적했다. 같은 당 안철수 의원도 "방송 이슈로 여야 간 극심한 대립이 이어지면서 과학기술에 대한 입법 논의가 소홀해지고 있다"고 동조했다(『중앙일보』, 2024. 8. 22.) 여야가 싸울 때 싸우더라도 법안을 심사할 소위는 정상 가동하는 것이 국회법의 취지에 맞는 일이겠지만 공영방송을 둘러싼 현재의 극한 대립은 이마저 통하지 않는 실정이다. 정치권이 언제쯤 공정하고 중립적 방송을 위한 근본 해법을 마련할 수 있을지 난감한 상황이다.

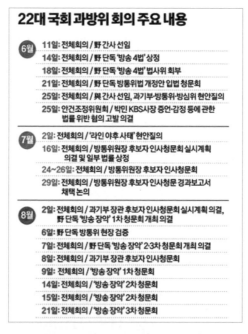

22대 국회 과방위 여-야 방통위 회의 의제(2024년 6월~2024년 8월)
(국회홈페이지, 『중앙일보』, 2024. 8. 22.)

한국방송 정치보도 VS 미국방송 정치보도

2) 방송심의를 둘러싼 정파성

방송통신위원회 못지않게 극심한 정파성 시비에 휘말리고 있는 기구가 방송통신심의위원회다. 2008년 출범한 방송통신심의위원회(이하 방심위)는 방송의 공정성과 선정성 등 방송 전반을 심의하는 민간독립기구이다. 대통령이 위촉한 9명의 심의위원으로 구성되는데 3명은 대통령이, 3명은 국회의장이 각 교섭 단체 대표위원과 협의하여 추천한 사람을 위촉한다. 다른 3명은 국회 소관 상임위원회(과방위)에서 추천한 사람을 위촉한다. 실질적으로 여·야 구성이 6:3으로 이뤄지는 것이 관례인데 구조적으로 여·야 대립이 상존할 수밖에 없다. 정권에 따라, 또 위원장이 누구냐에 따라 갈등 양상은 변화한다. 가장 극심한 갈등 양상을 보인 것은 윤석열 정부 출범 이후 정연주 위원장이 해촉되고 류희림 위원장이 되면서부터다. 방송 내용 심의 공정성을 비롯해 방송사, 특히 MBC와의 법정 다툼, 심의 민원사주 의혹 공방이 이어지고 있다. 이 공방에 여·야 정치권이 가세하면서 방심위 갈등은 정쟁의 핵심으로 비화되는 형국이다.

방심위에는 방송·광고·통신 등 각 전문 분야를 담당하는 4개의 소위원회가 다음과 같이 구성되어 있다.

△ 방송심의소위원회(소위원장 포함 위원 5명)
△ 광고심의소위원회(소위원장 포함 위원 5명)
△ 통신심의소위원회(소위원장 포함 위원 5명)

△ 디지털성범죄심의소위원회(소위원장 포함 위원 3명)

각 소위원회별로 안건을 의결하되 보다 심층적인 논의가 필요하다고 판단되면 전체회의에 회부한다. 가장 갈등이 첨예한 안건은 방송심의 부문이다. 방송심의 결과에 따라 방심위는 해당 방송사에 법정제재인 주의, 경고, 관계자에 대한 징계, 과징금 등의 처분을 내릴 수 있다. 이런 벌점이 많이 쌓이면 방송사 재허가에 결정적 영향을 미치기에 방송장악 수단이 될 수 있다. 방송 콘텐츠 심의를 자율에 맡기는 미국과 달리 한국의 방심위는 정치 병행성이 강할 수밖에 없는 구조를 갖고 있는 것이다.

한국방송 정치보도 VS 미국방송 정치보도

3) 미국방송의 정파성

미국은 우리나라에 비해 방송의 정파적 갈등이 두드러지지 않는 편이다. 영향력이 큰 방송사들은 대부분 상업방송으로 각자 정치적 성향을 분명히 드러내고 시청자들의 선택을 받는다. 우리처럼 공영방송의 영향력이 크지 않기에 가능한 일이다. 미국의 최대 공영방송인 PBS는 CNN, NBC, FOX NEWS, ABC, CBS 같은 대형 상업 방송사들에 비해 현저히 영향력이 적고 시청률도 낮다. 그렇다고 해서 PBS 프로그램의 질이 떨어지는 것은 아니다. 정파적 소지가 있는 프로그램보다는 공익적 프로그램을 주로 하고 콘텐츠도 양질이라는 호평을 받고 있다.

상업방송의 경우 정치 편향성을 강하게 드러내는 방송사가 있는가 하면 비교적 정파성을 드러내지 않는 방송사들도 있다. FOX NEWS가 가장 정파적으로 보수 목소리를 내는 방송이다. 때로는 너무 노골적으로 극우적 편향 보도를 해 문제를 일으키기도 했다. 특히 2020 미 대선에서 FOX NEWS의 간판 앵커인 터커 칼슨(Tucker Carlson)의 발언이 상당한 파문을 일으켰다. 칼슨은 미국에서 가장 주목받는 보수 언론인으로 한때 트럼프의 러닝메이트로 거론되기까지 했다. FOX NEWS 간판 프로그램인 〈터커 칼슨 투나잇〉을 진행한 그는 방송에서 "중남미 이민자 급증이 미국을 가난하고 더럽게 만든다", "인종차별 반대 시위대는 범죄 폭도"라는 등의 극단적 발언을 해 파문을 일으켰다. 또 '코로나 백신 음모론'을 제기하는가 하면 '바이든 정부가 우크라이나에서 생화학 전쟁을 벌인다'는 주장을 펴기도 했다. 그래서 "트럼프보다 더한 포퓰리즘 계승자"(『뉴욕타임스』)라는 말을 듣기도 했다.

그런데 칼슨은 트럼프가 제기한 대선 개표조작설을 처음에는 옹호했다가 정작 재판정에 나가서는 사실이 아니라고 상반된 증언을 해 회사로부터 괘씸죄에 걸려 해고되기도 했다.

FOX NEWS를 제외한 상업방송들 가운데서는 CNN과 NBC가 가장 민주당 지지 성향을 보인다는 평가를 받고 있다. 선거 국면에서 주로 공화당을 비판하는 보도를 많이 하고 있기 때문이다. 특히 CNN은 2020 대선 때 『뉴욕타임스』와 더불어 가장 많이 트럼프 비판 보도를 한 매체로 트럼프의 집중 공격을 받기도 했다. 그렇긴 해도 CNN이 FOX NEWS와 같은 극단적 정파성을 보이지 않는다는 것이 일반적 평가다.

BOX **PC(Political Correctness)와 워크(Woke)**

미국에서는 '정치적 올바름(PC)'이라는 용어가 정치 분야는 물론 일상생활에서도 자주 쓰인다. 'Political Correctness'의 줄인 말인 PC는 인종과 성별, 종교 등을 근거로 차별하지 말고 포용성을 증진해야 한다는 의미다. 다양성의 가치를 존중하고 일상에서 유색인종, 성소수자 같은 소수 계층과 약자들에 대한 편견을 타파하고 이들을 배려해야 한다는 움직임이다. 좋은 뜻이긴 하지만 특정 인물의 발언이나 콘텐츠를 문제 삼거나 금기시하는 일이 자주 벌어지면서 '표현의 자유를 억누르는 또 다른 폭력'이라는 비판도 나오고 있다.

미국 보수진영은 이 같은 현상에 대해 '워크(woke, 깨어 있음)'가 만연하고 있다고

한국방송 정치보도 VS 미국방송 정치보도

비난한다. 워크는 원래 PC 가치관을 중시하는 생활양식을 뜻하는 말이었지만, 보수진영에서 PC를 멸시·조롱하는 단어로 워크를 쓰고 있다. 과도한 정치적 올바름이라는 비아냥거림이기도 하다. '워크'는 2014년 미주리주 퍼거슨에서 18살 흑인 청년 마이클 브라운이 경찰 총격으로 사망한 사건을 계기로 본격 등장한 용어인데, 인종을 넘어 성차별, 성소수자 이슈 등으로까지 확장됐다. 백인과 남성, 가족주의라는 주류의 차별에 맞서 소수층 권익을 지켜 낸다는 의미가 있지만, 세상을 오로지 희생자와 억압자로 나눈다는 비판도 함께 받고 있다. 워크가 지나치게 남발되면서 사회분열과 정치 양극화가 심화된다는 지적도 있다.

'워크'는 선거 국면 때마다 민주당이 애용하는 단골 이슈였지만 2024 대선 국면에서는 워크 용어 사용을 자제하는 분위기가 나타났다. 워크 용어가 너무 남발되는 것에 대한 사회적 반발 기류가 나타나고 있기 때문이다. 워크가 공격적 사회활동가들의 전유물처럼 인식되면서 오히려 득표에 감점 요소가 된다는 분석도 나온다. 민주당은 2016년과 2020년 대선 때는 공화당 트럼프 후보에 맞서 '워크' 담론을 적극 의제화했지만 2024년 대선에서는 워크 용어를 거의 쓰지 않고 있다. 미국 언론들은 '미국 사회 전반에 확산되고 있는 워크의 퇴조가 정치권에 영향을 미치는 것'이라고 분석하고 있다. 경제전문지 『이코노미스트(Ecomomist)』는 2024년 9월 19일 '미국은 점점 덜 깨어 있게(less woke) 됐다'는 기사에서 '워크에 대한 미국사회 논의가 2020년대 최고조에 달한 이후 눈에 띄게 감소하고 있다'고 분석했다. 여론·미디어·기업 등 사회 주요 분야에서 '워크' 문화의 영향이 줄어들었을 뿐 아니라 대중의 인식 역시 '워크'에 역행하는 사례가 늘었다는 것이다(『조선일보』, 2024.9.24.).

■ 미국 연방통신위원회(FCC)

미국의 방송통신 산업 규제기관인 연방통신위원회, 즉 FCC(Federal Communication Commission)는 1934년 미연방통신법(Communications Act)에 근거해 만들어졌다. FCC 설립 이전에는 방송과 통신 규제부처가 각각 별도로 존재해 왔다. 통신규제는 미연방우정국(U.S. Post Office)과 주간(州間)통상위원회(Interstate Commerce Commission)에서 담당했고, 방송 규제는 연방라디오위원회(Federal Radio Commission)가 담당했는데 이를 통합한 것이다.

미연방통신법(Communications Act)은 FCC의 설립목적을 다음과 같이 규정하고 있다.

① 인종, 피부색, 종교, 국적 또는 성별에 따른 차별 없이 모든 미국인이 손쉽고 적절한 요금으로 신속하고 효율적으로 전국적·국제적 유무선 통신서비스를 이용할 수 있도록 유무선 통신서비스를 규제한다.
② 국가안보를 도모한다.
③ 유무선 통신을 통한 인명과 재산의 안전한 수호
④ 복수의 기관들에 부여됐던 통신서비스 거래 관련 권한들을 한 기관에 집중시켜 통신정책을 효과적으로 수행한다.

FCC는 미국 통신시장의 경쟁력 강화와 공공이익 보호 임무를 수행하는데 구체적으로는 무선, TV, 위성, 케이블에 대한 각 주 및 국제 통신 관련 정책을 수립하고 집행한다. 또 유선·무선에 의한 주 간(州間)·국가 간 통신을 규제하는 권한을 갖는다. 그리고 라디오와 TV 방송의 질서 있는 발달과 운영을 확보하기 위해 방송사업을 감독한다.

FCC는 독립적인 정부 대리기관으로 FCC 위원은 미국 상원의 인준을 거쳐 대통령이 임명한다. 5인으로 구성되며 임기는 5년이다. 5인의 위원들 중 같은 정당 출신이 3인을 초과할 수 없다. 상원에서 다수당이 3명을 추전하고 소수당이 2명을 추천한다. 한국처럼 대통령 몫과 의회 몫을 나누지는 않는다. 대통령은 상원 인준을 거친 위원들을 임명하며 위원장을 지명할 권리가 있다. FCC 위원의 임기는 대통령 임기보다 긴 5년이고 매년 1명씩만 바꾸기에 정권 교체에 따라 정파성이 급격히 달라지지는 않는다. 합의제 기구 정신을 가급적 지키려 하기에 극단적 정파 대립으로 치닫는 경우는 흔치 않다.

FCC 조직은 최고의사결정을 위한 위원회(Commission)와 실무부서인 국(Bureaus), 그리고 부서(Offices)로 구성된다. 국(Bureau)은 산업 부문별로 조직되어 있는데 실질적으로 정책을 수립. 집행하는 기능을 수행한다. 부서(Office)는 행정관리, 정책기획, 홍보, 입법지원 업무 등을 한다. 2023년 기준으로, 7개의 국(Bureau)과 9개의 부서(Office)로 구성되어 있다. FCC 위원들은 위원 활동에 필요한 보좌를 받기위해 5명 내외의 보좌진을 둘 수 있다.

한국의 방송통신원회처럼 미국 FCC도 방송사 면허 취소 권한을 갖고 있다. 하지만 권한은 아주 제한적으로만 행사된다. 최근 2024 대선 국면에서 트럼프 전 대통령이 TV토론 이후 토론 주관사인 ABC 방송사를 면허 취소해야 한다고 주장해 파문을 일으킨 바 있다. 트럼프는 'ABC가 카멜라 해리스 부통령과의 토론에서 자신에게만 엄격한 잣대를 들이댔다'며 방송면허를 취소해야 한다고 주장했다. 트럼프는 당시 토론에서 ABC

의 두 앵커, 데이비드 무어와 린지 데이비스가 자신에게만 발언의 진위를 따지며 5번이나 지적을 했다고 주장했다. 반면 해리스에겐 한 번도 지적하지 않아 매우 편파적 진행이라고 비난했다. 지적을 받았던 트럼프의 발언은 '일부 주에서 임신 9개월 차 아이를 살해하는 것을 허용한다', '오하이오 주에서 아이티 이민자들이 개와 고양이를 잡아먹는다' 등이다. 두 앵커는 이 발언이 사실이 아니라고 지적했는데 트럼프는 이것이 불공정한 진행이라고 주장한 것이다. 트럼프는 'ABC가 신뢰를 잃었고 부끄러워해야 한다'며 ABC는 방송면허를 잃어야 한다고 주장했다(『미디어오늘』, 2024.9.25.). 자신이 대통령이 되면 ABC의 문을 닫도록 하겠다는 것이다.

이 같은 트럼프 발언에 방송사 면허취소 권한을 가진 FCC의 제시카 로젠워셀(Jessica Rosenworcel) 위원장은 "수정헌법 1조는 민주주의의 초석이다. FCC는 후보자가 콘텐츠나 보도에 동의하지 않거나 싫어한다는 이유로 방송사 면허를 취소하지 않는다"고 트럼프의 주장을 일축했다. 미 수정헌법 1조는 표현의 자유와 언론의 자유를 규정한 조항으로 "미 의회는 표현의 자유를 저해하거나 출판의 자유를 제한하는 어떠한 법률도 만들 수 없다"는 내용이다.

그럼에도 불구하고 트럼프가 만약 대통령이 된다면 무슨 수를 써서든 ABC 방송 면허를 취소할지 모른다는 우려가 나오기도 했다. 미국 유력 언론인 『워싱턴포스트』는 2024년 9월 19일 언론 전문가 앤드류 제이 슈워츠먼(Andrew Jay Schwartzman)과의 인터뷰를 통해 트럼프 대통령 재임(2016~2020) 중 그가 보여 줬던 적대적 언론관을 고려할 때 비판적 언론사를 규제하거나 검열하는 조치를 취할 가능성이 있다고 우려했다. 하지만 FCC가 현실적으로 방송사 면허를 취소하는 것은 불가능하다는 전망이 우세하다. FCC는 여당 측 위원 3인과 야당 측 위원 2인으로 구성되는데 전통적으로 공화당은 방송사 규제보다 방송사 보호를 중시하는 경향이 강하기 때문이다. 슈워츠만은 "공화당 측 FCC 위원들은 트럼프가 당선돼도 그가 원하는 방식으로 의결할지는 불분명하다"고 말했다.

4) 미국의 방송심의

미국은 유럽이나 한국 등 다른 국가와 달리 방송 내용 심의에 관한 법이나 기구가 존재하지 않는다. 도박이나 음란물 등 불법방송에 대해 사후적으로 벌금 부과 등 제재를 가할 수는 있으나 기본적으로 방송사의 자율적 심의를 존중한다. FCC는 과거 한때 '공정 이용 원칙'에 근거해 일부 방송사에 공정성을 요구하기도 했으나, 1987년 수정헌법 1조의 언론자유 원칙에 어긋난다는 이유로 이 조항을 폐기했다. 뉴스의 진실성에 관한 판단은 저널리즘의 영역이기에 자율규제를 원칙으로 해야 한다는 것이다.

방송 심의 제도가 없는 탓에 언론 관련 분쟁은 주로 손해배상 청구와 명예훼손 등 소송을 통해 해결된다. 2020년 미 대선 당시 개표조작 의혹을 제기했던 FOX NEWS는 투개표기 회사인 '도미니언 보팅 시스템'으로부터 소송을 당했는데 결국 FOX NEWS는 가짜뉴스를 보도한 대가로 도미니언 측에 7억 8,750만 달러(약 1조 560억 원)에 이르는 합의금을 배상해야 했다(『한겨레』, 2024.7.14.).

프로그램에 대한 행정제재를 할 경우엔 최소원칙에 따라 이뤄진다. 도박, 음란물, 사기 등 불법적인 활동을 방송한 경우 사후 벌금을 부과하거나 방송사 면허를 취소하기도 하지만 어느 경우든 명백한 법률 위반일 경우로 한정한다. 아울러 사후적으로 제재하는 법적 제도적 장치를 별도로 마련해 시행하고 있다(『미디어오늘』, 2024.1.6.).

■ 트럼프가 촉발한 미디어 정파전쟁

정파 갈등이 그다지 심하지 않았던 미국 언론계는 2015년 트럼프가 미 대선에 뛰어들면서 크게 변화하기 시작했다. 2015년 9월 뉴욕 맨해튼에서 트럼프가 2016 대선 입후보 선언을 할 때만 해도 그는 그저 심심한 경선 레이스에 재미를 더해 줄 정도의 '괴짜' 정도로만 여겨졌다. 그러나 반 (反)기득권층, 반(反)엘리트 기치를 내걸면서 트럼프가 공화당 후보경선 가도에 파란을 일으키자 그는 급속도로 언론의 주목을 받기 시작했다. 대부분의 언론이 그의 엽기적 언행을 집중 보도했는데 특히 CNN과『뉴욕타임즈(NYT)』가 가장 신랄한 보도를 쏟아 냈다(송의달, 2021).

이런 NYT와 CNN에 대해 트럼프는 대선 기간은 물론 백악관 재임 중에도 공격을 지속했다. 트럼프 재임 4년 기간 중 그가 트위터로 가장 많이 비판한 미디어는 1위가 CNN(251회), 2위가 NYT(241회)였다. 두 매체를 집중 공격함으로써 보수 지지세력을 결속시킨다는 전략도 작용했다. 이른바 '좌파매체'들을 공격해 보수 진영의 대표주자로 자리 잡는다는 전략인 것이다.

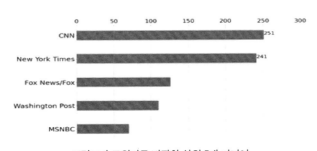

트럼프가 트위터로 비판한 상위 5개 미디어
(US Press Freedom Tracker data)

트럼프는 집권 중후반기로 갈수록 언론에 대한 비난 강도를 높였는데 2018년 한 해 동안 트위터에 특정 언론에 대해 '국민의 적(the enemy of the people)'이라는 표현을 16차례 썼고 2019년에서는 21차례 썼다. '가짜뉴스(fake news)'라는 표현은 2019년에 273차례나 사용했다.[19]

트럼프는 "NYT를 비롯한 가짜뉴스 미디어가 다루는 나에 대한 뉴스는 90%가 거짓이다. 진실되지 않은 기사들로 수차례 왜곡하고 뒤틀고 있다. 나의 소셜미디어 사용이 내가 진실을 알리는 유일한 방법이다"라고 주장하기도 했다.[20] 트럼프의 도발적인 미디어 공격은 방송계 전반으로 확산돼 FOX NEWS를 정점으로 한 보수 미디어 대 CNN, NBC 등 진보 미디어 대립구도로 굳어지는 모양새다.

(BOX) 전설의 정치기자 데이비드 브로더

미국 정치기자들 가운데 가장 존경을 받는 기자를 꼽으라면 데이비드 S. 브로더(David S. Broader, 1929~2011)가 우선적으로 꼽힌다. 브로더는 기존 정치기사의 틀을 깨고 새로운 정치기사의 틀 지평을 연 기자로 평가받는다. 신문기자로 출발했지만 풍부한 취재 경력과 탁월한 필력과 분석력으로 신문과 방송을 넘나들며 활약했다(송상근, 2022).

---

19) Michael M. Grynbaum, 「After Another Year of Trump Attacks, 'Ominous Signs' for the American Press」, 『New York Times』, 2019.12.30.

20) 『New York Times』는 2019년 11월 3일 자 일요일판에 '트위터 대통령(The Twitter Presidency)'이라는 제목의 10페이지 특별세션을 발행, 트위터를 이용한 트럼프의 정치전화 노력과 음모 등을 조명했다.

브로더는 『뉴욕타임스』와 『워싱턴 포스트』 등 미국 최고의 신문매체에 근무하면서 동시에 방송에도 지속적으로 출연해 정치이슈를 전했다. NBC 방송의 '언론과의 만남(Meet the Press)'에 단골 패널로 출연했고, CNN에도 수시로 출연해 정치이슈에 대한 탁월한 해설과 분석으로 이름을 날렸다. Meet the Press에서는 1973년부터 2008년까지 무려 400회의 출연기록을 세웠다. 브로더는 이 방송에서 정치인을 상대로 국민을 대신해서 솔직하고 거침없이 질문을 던져 주목을 받았다.

데이비드 브로더의 NBC Meet the Press 출연 화면
(NBC 홈페이지)

브로더가 언론인으로 가장 평가받는 영역은 이른바 '공공 저널리즘(public journalism)'이다. 유권자와 시민들이 알아야 할 내용, 알고 싶어 하는 내용을 최우선으로 전달해야 한다는 것이다. 브로더가 주창한 공공 저널리즘은 미국 정치뉴스의 새로운 지평을 열었다는 평가를 받는다. 그는 '정치기사를 정치인이나 정당의 관점에서 전달해서는 안 된다'고 강조한다. 브로더는 80살 노년에도 직접 자동차를 운전해 광활한 미국 각지를 돌아다니며 유권자들을 직접 만나 정치현안에 대한 의견을 들었다. 유권자들의 집 현관을 노크하며 시민들이 생각하는 정치는 무엇인지, 그들의 일상생활에 요구되는 정치 현안은 무엇이지를 취재했다. 국회의 사당이나 정당 당사, 대통령 등 한정된 영역에서만 벌어지는 기존 정치뉴스 생산 과정을 리세팅한 것이다(송상근, 2022).

공공 저널리즘은 일상 시민들의 정치 의제를 취재해 전파하고 이를 정치인들이 적극 수용하도록 압박한다. 이를 통해 궁극적으로 민주주의의 진전을 이루는 데 목적이 있는 것이다. 정치인의 언행이나 정쟁 위주로 정치뉴스를 만드는 한국 언론에 시사하는 바가 크다고 하겠다. 브로더는 정치인의 발언을 그대로 받아쓰는 언론 관행은 정치인의 선전 선동 통로로 이용될 수밖에 없다고 지적했다. 1991년부터는 정치인 발언 내용의 사실성을 규명하는 '팩트체크'를 다루는 칼럼을 작성하기 시작했다. 브로더가 제창한 팩트체크 저널리즘은 이후 미국 언론의 규범으로 자리매김하고 있다.

다양한 사람들이 모여 사는 공동체에서 갈등은 필연적이다. 갈등은 고통스럽고 소모적이지만 원만하게 합의점을 찾으면 공동체 발전에 기여한다. 갈등 해소 과정을 통해 더 성숙한 민주주의로 나갈 수 있기 때문이다. 갈등 해소의 핵심은 상대방을 더 이해하려는 소통 노력이다. 소통을 해야 서로 입장을 이해하고 해법을 찾을 수 있다. 현대 사회에서 소통을 담당하는 양대 축은 정치와 미디어다.

정치는 나와 의견이 다른 사람들의 이야기를 잘 듣고 조정해서 타협하는 것이다. 정치 못지않게 중요한 역할을 담당하는 것은 미디어다. 미디어는 정보 전달자 기능을 넘어 공동체 각 영역이 상호 소통하도록 다리 역할을 한다. 미디어 중에서도 가장 소통력이 큰 것은 방송이다. 방송은 직관적이고 신속할 뿐 아니라 파급력이 강하다. 방송이 불신받으면 소통의 장은 사라지고 갈등은 증폭된다. 국민들은 갈라져 싸우고 서로 다른 진실의 세계를 살아가게 된다.

방송은 치열하게 여러 사람들의 이야기를 듣고 담아내야 한다. 비록 해결책을 도출하지 못하더라도 그 과정 자체가 진전이기 때문이다. 공동체 갈등 조정자가 정치의 역할이라면 그 정치가 제대로 작동히기 위한 필수

공간은 방송이 되는 것이다.

우리나라의 방송은 초창기부터 주로 미국방송을 벤치마킹하며 발전해 왔다. 예능 프로그램의 경우엔 일본방송 프로그램을 모방하는 경우도 많았지만, 뉴스는 주로 미국 방송뉴스를 따라 했다. 미국은 1920년 라디오 방송을 시작으로 1926년 최초의 상업 방송국인 NBC가 개국했고 이어 1927년 CBS가 개국했다. 이들 방송사의 개국과 함께 방송뉴스라는 콘텐츠가 시작되었고 이후 방송뉴스는 비약적으로 발전해 왔다. 패키지(Package)라 불리는 리포트 방식, 뉴스현장 생중계, 선거 개표방송 등이 대표적인 미국 방송뉴스 패턴이다. 우리나라 방송사들은 이 같은 미국 방송뉴스 패턴을 지속적으로 벤치마킹해 왔고 그 과정에서 우리 스스로 일부 방송뉴스 양식을 고안하기도 했다.

우리 방송뉴스가 미국방송을 벤치마킹해 왔기에 외형적 면에서는 유사한 점이 많지만 내용적 면에서는 적지 않은 차이도 있다. 우리 방송뉴스는 단일 주제의 단발적 리포트에 지나치게 의존한다. 단일 주제 단발 리포트는 대부분 기자 한 명이 맡아 하기에 신속하게 제작할 수 있지만 직선적, 표피적 내용이 대부분이어서 심층성을 기대하기 어렵다. 정치뉴스의 경우 여러 인물과 이슈가 복합적으로 얽힌 사안이 많아 과정과 맥락을 친절하게 설명해 줄 필요가 있는데 우리 정치뉴스는 그런 면에서 상대적으로 소홀하다.

미국방송 정치뉴스는 단편적 구성보다는 심층성을 적절히 가미하고 구성도 직선적 전개보다는 스토리텔링적 요소를 넣는 경우가 많다. 리포트 길이가 다소 길지만 지루하기보다는 재미있고 단단하다고 할 수 있다. 물론 각각의 장단점이 있다. 사안을 단순 신속하게 전달하는 데 익숙한 우리 입장에서는 미국 정치뉴스가 필요 이상으로 사변적이라는 느낌이 든다. 명쾌하기 전달하기보다는 복잡하게 여겨지기도 한다. 국민성 차이나 문화적 특성에 관련한다고 하겠다.

한국과 미국 방송뉴스에서의 또 하나의 큰 차이는 정치 병행성, 즉 정파성 이슈다. 전통적으로 양당 체제를 2백 년 넘게 유지해 온 미국은 정권 교체에 상관없이 각 방송사들이 각기 고유한 방송 철학과 정치적 색깔을 정립해 유지해 왔다. 민주당으로 정권이 넘어갔다고 해서, 또는 공화당으로 넘어갔다 해서 방송사들이 정권의 눈치를 살피거나 방송의 방향성을 수정하는 경우는 거의 없다. 정치적 성향을 선명하게 드러냈다고 해서 압력이나 불이익을 받는 경우도 거의 없다. 방송사 내부 구성원 간 갈등이 일어나는 경우도 드물다.

반면 방송사의 정치적 종속이 유달리 강한 우리나라는 정권의 향배에 따라 보도의 방향성이 자주 바뀐다. 특히 공영방송사의 정치 병행성 문제는 갈수록 심각하다. 정권이 교체될 때 마다 무리한 방송사 경영진 교체와 내부 구성원 갈등, 보도 편향성 시비가 도돌이표처럼 반복된다. 정치적 해법으로 근본 해결이 가능한 문제지만 여-야의 양보 없는 극한 대치로 해결은 난망한 상태다.

* * * * *

    기자는 풍문에 만족하지 않고 현장에 있어야 하기에 늘 치열하게 살 수밖에 없다. 방송사 뉴스룸에는 열정과 재기 넘치는 기자들이 가득하다. 신입기자 공채 시즌이면 재기 있고 정의감 충만한 젊은이들이 방송사 문을 두드린다. 어려운 관문을 뚫고 기자의 꿈을 이룬 이들은 그러나 시간이 흐르면서 여러 갈등 상황에 맞닥뜨린다. 정권 교체기마다 뉴스룸에는 격랑이 불어오고 기자들은 본의든 아니든 정파성 시비에 휘말리게 된다. 크고 작은 난관이 그들을 힘들게 한다. 부당한 지시에 순응하지 않아 고초를 겪는 기자도 있고 마지못해 지시에 따르느라 번민하는 기자도 있다. 이해관계에 민첩하게 처신하며 기회주의자로 변신하는 기자도 있다. 누구는 투사가 되기도 하고 누구는 해고의 고통을 겪기도 한다.

    일부는 노골적으로 정치 편향성을 드러내며 교묘한 논리로 공정성을 호도한다. 시류에 따라 그때그때 다른 공정의 잣대를 대기도 한다. 추상같았던 공정의 잣대가 처지가 바뀌면 슬그머니 달라진다. 반대 진영을 무자비하게 공격하고 기자로서 결코 해서는 안 될 행동을 저지르기도 한다. 기자 사회는 파편화되고 동료로서의 유대감은 사라진다. 동료였던 기자가 원수처럼 되기도 한다. 우리 사회 갈등 해소의 첨병대가 되어야 할 방송사가 갈등의 중심지가 돼 버린 것이다.

    정파성을 악화시키는 원인에는 외부의 작용이 크지만 기자 사회 내부의 문제점 역시 지적하지 않을 수 없다. 강준만(2019)이 지적했듯이 한국의 기자 사회는 유달리 폴리널리스트 문제가 심각하다. 권력 지향 기자들이 너무 많다는 지적이다. 현직 방송사 보도국 간부가 잠시의 유예기간도 없이 청와대(대통령실) 대변인이나 홍보수석으로 직행하는 일이 비일비재하다. 이런 행태가 반복되는 한 방송의 정치 종속 문제는 해결이 난망하다. 정치인들이 방송을 권력의 보조수단쯤으로 여기는 것도 문제지만 기자들의 권력 추구 성향은 더 심각한 문제라 할 수 있다. 기자들 스스로 권력 감시자로서의 의무를 다할 때에만 방송의 정치적 독립을 기대해 볼 수 있을 것이다.

E N D

참고문헌

【국내 문헌】

강준만(2019), 『한국언론사』, 서울: 인물과사상사.

_____(2023), 『MBC의 흑역사(방송의 중립에는 좌우가 없다)』, 서울: 인물과사상사.

고승일(2013), 「일화를 중심으로 본 워싱턴의 취재환경」, 『관훈저널』, 2013년 봄호(통권 126호).

국기연(2018), 「대통령 따라 달라지는 백악관 기자회견 스타일」, 『관훈저널』, 2018년 봄호(통권 146호).

권태호(2018), 「지금 워싱턴과 뉴욕은?: 관훈클럽 임원진 방미 보고서」, 『관훈저널』, 2018년 가을호(통권 148호).

김경한(2008), 「"음란 외설 외에 표현영역에 대한 정부 개입 금지", 외국의 방송심의 제도: 미국」, 『방송문화』, 한국방송협회.

김동석(2024), 「민주당 필사적인 바이든 부축… 경합주 비상자금 투입」, 『중앙일보』, 2024. 7. 6.

김창숙(2022), 「디지털 시대의 정치 기사 취재 관행」, 『한국의 정치보도』, 서울: 이화여자대학교 출판문화원.

문영은(2023), 「기자의 탄생: 한·미 기자 채용과 수습교육 비교연구」, 『한국의 기자』, 서울: 이화여자대학교 출판문화원.

박성민(2024), 「초박빙 美대선… 여론조사에 쏠리는 시선」, 『연합뉴스』, 2024. 9. 29.

박재영 외(2016), 『저널리즘의 지형: 한국의 기자와 뉴스』, 서울: 이채.

박재영·이나영·이완수 외(2022), 『텔레비전 뉴스의 품질』, 서울: 이화여자대학교 출판문화원.

박홍민·국승민(2023),『미국에서 본 미국 정치: 선거와 양극화 그리고 민주주의』, 서울: 오름.

송상근(2022),「정치보도의 새로운 지평: 데이비드 브로더가 남긴 질문」,『한국의 정치보도』, 서울: 이화여자대학교 출판문화원.

송의달(2021),『뉴욕타임스의 디지털 혁명』, 서울: 나남.

유선영(1995),「객관주의 100년의 형식화 과정」,『언론과 사회』, 10호.

윤석민(2020),『미디어 거버넌스』, 서울: 나남.

윤태영(2016),『대통령의 말하기』, 서울: 위즈덤하우스.

이승헌(2015),「미국대통령의 기자회견」,『관훈저널』, 2015년 봄호(통권 134호).

이완수(2022),「대통령실 출입기자의 취재와 보도관행」,『한국의 대통령보도』, 서울: 이화여자대학교 출판문화원.

이재경(2013),「미국과 일본의 방송기자 제도 비교연구」,『한국형저널리즘 모델』, 서울: 이화여자대학교 출판문화원.

이재훈(2018),「대통령 정치이념과 언론사 정파성에 관한 연구」, 단국대학교 박사논문.

_____(2022),「한-미 대통령 방송 보도 어떻게 다른가?」,『한국의 정치보도』, 서울: 이화여자대학교 출판문화원.

이한수(2013),「대통령과 언론의 영향력 관계 분석-미국뉴스를 중심으로」,『한국정치학회보』, 47집 2호.

정동우(2010),「시장지향적 저널리즘에 대한 기자들의 수용태도」,『한국언론정보학보』, 49호.

하재식(2016),「TV 토론과 실시간 팩트체킹: 미국 대선 접수한 '정치 저널리즘의 혁명'」,『신문과 방송』.

홍원식(2023),「방송 경영진 교체 악순환 어떻게 멈출 것인가」,『관훈저널』, 2023년 겨울호(통권 169호).

홍종윤(2024),「공영방송의 구조와 제도의 개혁, 어떻게 할 것인가」,『격월간 방송기자』, 2024년 1~2월호(Vol. 76)

【해외 문헌】

Kaid, L. L.,&Foote, J.(1985),「How Network Television Coverage of the President and Congress Compared」,『Journalism Quarterly』.

Kovach, Bill&Tom Rosenstiel(2021),『The Elements of Journalism(4ᵗʰ Ed)』, New York: Three Rivers, 이재경 옮김,『저널리즘의 기본원칙』, 서울: 한국언론진흥재단.

_____(2012),『Blur: How to Know What's True in the Age of Information Overload』, 김원옥 옮김,『텍스트 읽기 혁명』, 서울: 다산초당.

Martha Joynt Kumar(2003),『The Contemporary Presidency: Communications Operations in the White House of President George W. Bush: Making News on His Terms』, Towson Unversity.

Max Tani(2022),「The Rise and Fall of the Star White House Reporter」,『Magazine』, 2022. 4. 29.

Polsby, Nelson W. · Aaron Wildavsky · Steven E. Schier and David A. Hopkins(2023),『Presidential Elections: Strategies and Structures of American Politics, 16th edition』, Lanham: Rowman&Littlefield.

Richard Ben Cramer(1992),『What It Takes: The Way to the White House』, Random House.

Towson University(2022),『White House Transition Project』.

White House Correspondents' Association,『Overview』, 2022. 9. 28.

【국내외 신문 · 잡지 · 미디어】

강우창, 〈'미국대선의 민낯', 벌거벗은 세계사: 148회〉, tvn, 2024. 4. 23.

김규원,「왜 민주당은 여당 때 방송법을 개정하지 않았나?」,『한겨레 21』, 2023. 11. 10.

김동석,「미 대선 위치: 대선판 막후실세」,『중앙일보』, 2024. 3. 11.

김은중, 「"큰소리 · 비방 없었다… 월즈 · 밴스 '예의 바른 정책 토론 호평, 미국 부통령 후보 TV토론"」, 『조선일보』, 2024. 10. 2.

김지원, 「"인종소수자 잣대에 지쳤다… 외면받는 美 워크문화"」, 『조선일보』, 2022. 9. 24.

김필규, 「백악관의 도어스테핑」, 『중앙일보』, 2022. 8. 23. (Retrieved from: https://www.joongang.co.kr/article/25096211)

김형구, 「미 부통령 토론은 무승부」, 『중앙일보』, 2024. 10. 3.

노지민, 「출입기자 1700명 시대, '국회 기자'의 오늘」, 『미디어오늘』, 2020. 5. 14.

백희연, 「8월만 3341억 '트럼프 2배'… 바이든 캠프로 점점 돈이 몰린다」, 『중앙일보』, 2020. 10. 15.

안수찬, 「질문을 지켜라」, 『미디어오늘』, 2024. 7. 20.

엄재희, 「반복되는 '정치심의' 논란… 선진국은 이렇게 안 한다」, 『PD저널』, 2024. 4. 17.

양동주, 「국회 언론환경개선 자문위원회 3기 위원 위촉」, 『잡포스트』, 2024. 5. 14.

오남석, 「대통령선거 비용이 22조?… 미국 대선이 '돈 먹는 하마' 된 까닭」, 『문화일보』, 2024. 10. 28.

오종수, 「[여성 언론인 대담] "한인으로서 큰 책임감" 워싱턴포스트 백악관 출입기자, 김승민」, 『VOA Korea』, 2022. 4. 1. (Retrieved from: https://www.voakorea.com/a /episode_seungmin-kim-257616/6027229.html)

윤수현, 「걸핏하면 방송사 면허박탈 요구하는 트럼프」, 『미디어오늘』, 2024. 9. 25.

윤유경, 「'정치심의 변질' 시사보도 심의, 해외에선 어떻게?」, 『미디어오늘』, 2024. 1. 16.

_____, 「출구조사 부정확한 예측으로 혼선" SBS 사과방송」, 『미디어오늘』, 2024. 4. 11.

_____, 「사후적으로 제재하는 법제도적 장치를 따로 마련하고 있다」, 『미디어오늘』, 2024. 1. 6.

윤장렬, 「선거 보도는 스포츠 중계와 달라야 한다」, 『한국기자협회보』, 2024. 3. 18.

이준웅, 「방통위 합의제 정신 못 살리면 다 죽는다 [동아시론]」, 『동아일보』, 2024. 7. 13.

이창훈, 「방송정쟁의 늪' 빠진 과방위… AI 등 과학기술법 논의는 '0'」, 『중앙일보』, 2024. 8. 22.

정의길, 「대선 조작' 보도한 미 폭스뉴스, 투표기업체에 1조원대 배상금」, 『한겨레』, 2024. 7. 14.

최진선·이청아·이지윤, 「美대선 판세 흔드는 할리우드 스타들'」, 『동아일보』, 2024. 8. 31.

『동아일보』, [사설] 「尹대통령 신년 녹화대담, 내용도 형식도 '많이 아쉽다'」, 2024. 2. 8.

『미디어오늘』, 〈민언련 신문방송 모니터 보고서〉 「과거엔 거품물고 현재는 조용한 대통령 신년 기자회견 '패싱' 논란」, 2023. 1. 3.

『조선일보』, [사설] 「내용·형식 미흡 尹 대담, '앞으로 조심' 약속이라도 지켜야」, 2024. 2. 8

『주간경향』, 「미국에서 부상하는 '데이터 저널리즘」, 2024. 11. 4.

Michael M. Grynbaum, 「After Another Year of Trump Attacks, 'Ominous Signs' for the American Press」, 『New York Times』, 2019. 12. 30.

Tani, M. (2022), 「The rise and fall of the star White Housereporters」, 『Politico』, 2022. 4. 29. (Retrieved from:https://www.politico.com/news/magazine/the-fall-of-the-white-house-correspondent)

「A rare win for MSNBC over CNN in the election night rating battel」, 『New York Times』, 2022. 11. 9.

「Election Night Coverage Draws 56.9 Million Viewers Across 21 Networks」, 『ADWEEK』, 2020. 11. 4.

「NBC names Kristen Welker chief white house correspondent」, Vanity.com, 2021. 1. 8.

「NBC 〈Nightly News〉 Broadcast」, NBC News, 2022. 10. 29. (Retrieved from: "About NBCNews.")

「POLITICS Homepage」, NBC.com, 2022. (https://www.nbcnews.com/politics)

「The Twitter Presidency」, 『New York Times』, 2019. 11. 3.